Innere Stadt
Wieden
IV
Allgemeines Krankenhaus
Garnisons Spital
Universitäts Str.
Schotten Ring
Franz Josef Kai
Tuchlauben
Rotenturm
Herren
Burg Ring
Opern Ring
Kärntner Ring
Park Ring
Burg Garten
Mariahilfer Str.
Sieben stern
Stift G.
Breite G.
Rechte Wienzeile
Hamburger S.
Favoriten Str.
Prinz Eugen Str.
Rennweg
Schwarzenberg Pl.
Theresianum
Weyringer
Kolschitzky
Schwind
Wohlleben G.
Rembrandt
Untere Augarten
Nussdorfer
Spital
Skoda
Lange G.
Liechtenstein Str.
Wiedner Haupt Str.
Süd Bhf.
Ost Bhf.
Gürtel
Landstraßer Gürtel
Schweizer Garten
Arsenal
Artillerie
Maschinen Halle
Landgut
Seyfried
Belvedere Gart.
Botan. Gart.
Am Heu Markt
Aspang
Lambrecht G.
Mitter Hartmann
Schönbrunner
Frankenberg
Schaumburger
Mühl G.
Kolowrat Ring
Stadt Park
Gusshaus
Taubstummen
Wähler
Markt
Stuben

Lili Grün

Junge Bürokraft übernimmt auch andere Arbeit ...

Lili Grün (1933)

Lili Grün

Junge Bürokraft übernimmt auch andere Arbeit ...

Roman

Herausgegeben
und mit einem Nachwort
von Anke Heimberg

AvivA

In einem westlichen Bezirk von Wien steht in einer Seitenstraße das Haus. Es ist ein Zinshaus, vier Stockwerke hoch. Im zweiten Stock, Tür 20, wohnt die Familie Urban. Frau Anna Urban und ihre zwei Töchter, Berta und Susi. Früher wohnten die Urbans im ersten Stock in einer großen Wohnung. Damals lebte der Vater noch, und Franz war noch in Wien. Aber es gibt viel Unglück im Leben, Krieg und Nachkrieg, die Inflationszeit ...

Die Urbans hatten einmal, »in Friedenszeiten«, wie die Leute sagen, ein hübsches Geschäft, sie waren eine angesehene Bürgerfamilie. Das ist lange her. Susi, die jüngste Tochter der Urbans, war damals noch ein kleines Kind. Jetzt lebt die Witwe, Frau Anna Urban, mit ihren beiden Töchtern und dem Herrn Untermieter Leopold Traxler im zweiten Stock, Tür 20. Ein Zimmer, zwei Kabinette, Küche und Vorzimmer.

Susi, die jüngere der beiden Urban-Töchter, ist eben damit beschäftigt, den Steinboden in der Küche auszuwaschen. Sie tut es ernsthaft und mit Hingabe. Susi arbeitet gerne mit Wasser, Seife und Reibbürste. Siegessicher windet sie jetzt den »Reibfetzen« aus und betrachtet stolz den blanken Steinboden. Sie spitzt die Lippen, um zu pfeifen. Aber vergebliche Mühe, Susi kann überhaupt nicht pfeifen, auch wenn sie sich noch so sehr plagt.

»Susi!« ruft die Mutter.

»Ja ...«

»Susi, bist du fertig?«

»Ja, komm' einmal her, Mutter, und schau' dir an, wie schön die Küche geworden ist.«

Frau Urban kommt gehorsam heraus und betrachtet die Küche. Sie weiß zwar genau, »wie schön sie geworden ist«, denn auf Susi kann man sich verlassen!

»Wunderschön«, lobt sie, »wunderschön, die Küche ist überhaupt nicht wiederzuerkennen«.

Susis kleines, rundes Gesicht strahlt vor Freude.

»Ein schönes Samstag-Nachmittags-Vergnügen«, sagt die Mutter seufzend. »Na, im Vergleich zur Büroarbeit ist es wirklich ein Vergnügen.«

Die Mutter seufzt. Sie seufzt in den letzten Jahren so viel und so oft. Susi kann nicht jedes Mal fragen, warum. Sie tut es auch diesmal nicht.

»Ich geh' jetzt einkaufen.« Susi steht bei der Wasserleitung und wäscht sich die Hände. »Morgen ist Sonntag, ich will uns was kochen.«

»Ich bitte dich, willst schon wieder den ganzen Sonntag in der Wirtschaft vertändeln?«

Susi antwortet nicht. Sie nimmt das Kopftuch ab, fährt mit beiden Händen über das dunkelblonde Haar, sie legt die blaue Schürze ab und holt das Einkaufsnetz.

»Was machst denn heute Abend, Suserl?«

»Willst du mit mir in ein Kino gehen?«

»Mit mir?« fragt die Mutter enttäuscht. »Mit mir? Hast denn gar keine Verabredung?«

»Nein.«

»Du kommst aber in letzter Zeit mit gar niemand mehr zusammen. Warum denn?«

»Weil ich auf niemand mehr neugierig bin ... Auf Wiederschaun, Mutter, ich geh' auf den Markt.«

Susi küßt die Mutter zum Abschied auf beide Wangen. Frau Urban sieht ihre jüngste Tochter ein wenig ratlos an. »Warum bist du denn auf niemand mehr neugierig?« fragt sie zaghaft.

»Gleich bin ich wieder da, Mutter.« Susi überhört die Frage der Mutter und klopft ihr beruhigend auf die Schulter.

In der Eingangstür stößt sie mit ihrer Schwester Berta zusammen. Die Uhr im Wohnzimmer schlägt laut und gewichtig fünfmal. Die Berta kommt jetzt vom Büro nach Hause, denn, würde Susi erklären, »die Berta ist eine Streberin und bleibt bis Mitternacht, wenn's der Chef verlangt, obwohl er keine Überstunden zahlt. Aber vielleicht war sie ganz wo anders und erzählt bloß, daß sie im Büro war, denn der Berta kann man kein Wort glauben.«

Und nach dieser liebevollen Erklärung von Fräulein Susi Urban über ihre ältere Schwester Berta ist eigentlich jedem Menschen bereits klar, daß die beiden Schwestern sich nicht gut vertragen.

Nein, sie vertragen sich nicht, die Berta und die Susi. Und zum großen Schmerz der Mutter gibt es oft Streit zwischen ihnen.

»Ich kann mir nicht alles gefallen lassen, bloß weil ich um zehn Jahre jünger bin«, antwortet Susi aufgebracht der Mutter, wenn diese beruhigen und vermitteln will. »Sie kann auch einmal nachgeben, diese eingebildete Nocken.«

Und Berta sieht mit hoheitsvoller Miene auf die zornige Schwester und die verwirrte Mutter und sagt achselzuckend: »Deine Erziehung, Mama ...«

Auch heute scheint zwischen den beiden Schwestern nicht die beste Stimmung zu herrschen.

»Servus«, grüßt Susi. Was hat sie denn wieder? überlegt sie. Die macht ja ein Gesicht ...

»Guten Tag«, antwortet Berta gemessen.

Susi irrt. Berta hat gar nicht die Absicht, ein besonders unfreundliches Gesicht zu machen. Berta ahnt überhaupt nicht, daß ihre Miene auf irgendeinen Menschen anders als vornehm wirken könnte.

»Soll ich für dich auch einkaufen, Berta? Ich mache morgen Zwetschkenknödel.«

»Danke herzlichst, ich speise morgen nicht zu Hause«, antwortet Berta und geht geradewegs in ihr Zimmer. Es ist ihr Zimmer, das sie allein bewohnt, das man ohne ihre Erlaubnis nicht betreten darf und das sie stets sorgfältig absperrt.

»Willst du keinen Kaffee, Berterl?« fragt Frau Urban ängstlich und vermeidet Susis spöttischen Blick.

»Vielen Dank, Mama – aber ich bin eben im

Begriff, ein Kaffeehaus aufzusuchen. Willst du nicht einen Augenblick bei mir eintreten, Mama?«

Susi verläßt kopfschüttelnd die Wohnung. Familienleben, denkt sie, hat auch seine Nachteile.

Im Hausflur steht die Hausbesorgerin und unterhält sich mit Frau Nowak. Die Hausbesorgerin hat die Susi schon gekannt, »wie sie noch ein ganz kleines Pupperl war ...« Sie grüßt jetzt mit wohlwollender Herablassung, und hinter ihr dreinblickend sagt sie: »Die Urbans kommen nimmer auf ein grünes Resultat ...«

»Warum?« fragt die Nowak naiv. Sie wohnt erst seit zehn Jahren im Haus und ist daher ein Neuling. »Warum? Die zwei Mädeln könnten doch heiraten!«

Die Hausbesorgerin wiegt den Kopf. Sie glaubt nicht an eine Heirat der beiden Urbanmädeln. »Die sind viel zu anspruchsvoll erzogen, einer, der ihnen g'fallt, der heirat' nicht in diese Familie, und einer, der sich nichts aus den Sachen macht ... meine Liebe, der g'fallt wieder denen nicht.«

»Um die Kleine ist's schad«, behauptet die Nowak.

»Es ist gar um viel schad auf der Welt«, wird sie belehrt. »Aber darnach wird nicht gefragt!«

Susi Urban geht einkaufen. Sie geht zum Selcher und kauft zum Nachtmahl 15 Deka Aufschnitt: »Aber geben S' mir nicht wieder so eine fette Wurst. Die Mutter vertragt s' nicht!« Dann kauft sie für Sonntag Milch fürs Frühstück. »... kochen Sie s' bestimmt heut noch ab, Fräulein Susi. Die Milch halt' sich nicht ...« Und sie kauft Eier, Brot und Butter. »Haben S' nichts vergessen, Fräulein Susi?« Und sie kauft Erdäpfel und Zwetschken für die Knödel.

»Wie geht's denn der Mutter, Fräul'n Susi?«

»Dank' schön, der Mutter geht's gut.«

»Und was macht die Fräul'n Berta, is' sie g'sund und wohlauf?«

»Dank' schön, der Berta geht's auch gut.«

»Brauchen S' heute keinen Kaffee, Fräul'n Susi?«

»Nein, danke schön, Kaffee hat sie noch. Aber ein Packerl Persil können S' mir einpacken.«

Jetzt hat Susi alles und mit schwerer Einkaufstasche geht sie nach Hause. Auf dem Rückweg studiert sie aufmerksam die ausgestellten Photos vor dem Kino. Sie beschließt, daß das Stück die Mutter aufheitern wird und kauft zwei Karten um je einen Schilling für die 9-Uhr-Vorstellung.

»Fünfte Reihe, Mitte«, sagt Herr Lehner, der Kinobesitzer, der persönlich in der Kasse sitzt.

»Es is' doch zum Lachen?« erkundigt sich Susi.

»Sehr zum Lachen«, wird sie beruhigt. Und Herr Lehner, der Susi schon kannte, als sie noch Sonntag nachmittags um 3 Uhr die »Schulfreien Filme« bei ihm besichtigte, streichelt vorsichtig Susis Hand.

Susi zieht die Hand weg und steckt rasch die

Karten ein. »Es geht doch hoffentlich alles gut zu Hause?« fragt Herr Lehner mit zärtlicher Stimme.

»Dank' schön, sehr gut! Auf Wiederschaun!«

Herr Lehner beugt sich vor und fragt vertraulich: »Und vom Herrn Bruder hören S' jetzt gar nix? Wo hält er sich denn auf, derzeit?«

»Der Franzl ist im Ausland«, sagt Susi steif. »Es geht ihm gut.«

So, und jetzt geht Susi nach Hause. Im Hausflur unterhält sich die Hausbesorgerin mit Frau Huber.

»Ham S' schön ein'kauft?« wird sie wohlwollend gefragt. Und der kleinen, blonden Susi nachblickend, die langsam mit der schweren Einkaufstasche die Treppe hinaufgeht, sagt die Hausbesorgerin leise zu Frau Huber: »Ganz merkwürdige Verhältnisse bei den Urbans. Ganz merkwürdige ...«

»So«, sagt die Mutter. »Wieder ist eine Woche um.« Sie sitzt klein und mager auf ihrem Bett und seufzt. Sie nimmt die Haarnadeln aus der Frisur und beginnt ihren grauen Zopf für die Nacht zu flechten.

Wie alt die Mutter geworden ist. Susi sieht von ihrer Arbeit auf und sieht der Mutter zu, die umständlich ihre Kleider wegräumt, ihren Polster zurechtzupft, das Leintuch glatt streicht. Eine kleine, alte Frau ist die Mutter geworden. Susi hat es gar nicht bemerkt, daß die Mutter in den letzten Jahren älter wurde. Heute sieht sie es, und der Anblick der Mutter stimmt sie traurig.

»Bist du krank, Mutter? Fehlt dir was?«

Die Mutter zuckt die Achseln. »Was soll mir fehlen?«

»Na, weil du so blaß bist und so seufzt.«

»Blaß bin ich? Und das tut dich verwundern? Und seufzen tu ich. Mein Gott, wie lange seufze ich schon?«

Das ist wahr. Die Mutter seufzt seit vielen, vielen Jahren. Wieso ist es der Susi heute aufgefallen, obwohl es doch etwas längst Gewohntes ist?

Die Mutter liegt jetzt im Bett. Ihre mageren Hände ruhen auf der Decke. Ihr kleines, faltiges Gesicht ist jetzt ein bißchen ruhiger. »Dich sollte man fragen, ob du krank bist, Susi!«

»Warum denn, Mutter?«

»Warum? Den ganzen Tag hockst du zu Hause herum. Den ganzen Samstag nachmittags. Den ganzen lieben, langen Sonntag. Ist das normal? Ist das in Ordnung?«

Susi legt den gestopften Strumpf zusammen. »Dir kann man's auch nicht recht machen, Mutter. Wie ich Verabredungen gehabt habe, hast du geschimpft, jetzt habe ich keine, sagst du wieder, ich bin nicht normal!«

»Du weißt schon, was ich mein'! Alles mit Maß und Ziel! Das mein' ich! Natürlich hab ich geschimpft, wie du jeden Tag erst um 11 oder 12 nach Haus gekommen bist. Natürlich war mir's nicht recht, wie du monatelang keinen Abend zu

Haus warst. Stell' dich nicht dumm. Du weißt schon, was ich mein'. Aber du natürlich von einem Extrem ins andere. Entweder hast du hundert Bekannte, Freunde und Freundinnen, oder gar niemand! Entweder keine Nacht genug schlafen, oder keinen Schritt vors Haus gehen. Und dann beklagst du dich, ich wär' eine Mutter, der man's nicht recht machen kann.« Und Frau Urban seufzt nach dieser Rede besonders tief und erbittert. »Meine Töchter«, sagt sie traurig, »meine Töchter ...«

»Wieso? Die Berta, dein Goldkind, dein Stolz, bei der ist doch alles wie es sein soll. Oder nicht?«

»Sei nicht frech mit mir!« sagt die Mutter heftig. »Wieso ist die Berta mein Goldkind, mein Stolz?«

»Ich habe wenigstens noch nie gehört, daß du der Berta was gesagt hast. Die Berta kann um 3 Uhr früh nach Hause kommen, die Berta kann die Abende zu Haus versitzen und bis Mitternacht lesen. Der Berta sagst du kein Wort! Da kann ich doch aber wirklich nur annehmen, daß du von allem, was die Berta tut, begeistert bist!«

»Du weißt sehr genau, daß ich mit der Berta sehr ungern über ihre Sachen sprech', weil sie ...«

»Weil sie nämlich sonst so frech mit dir wird, daß du einen Herzkrampf kriegst. Ich weiß sehr genau! Ich weiß bloß nicht, warum ich mir immer Predigten anhören muß, bloß weil du vor der Berta Angst hast und vor mir nicht.«

»Angst? Ich hab' doch keine Angst vor der Berta!« protestiert Frau Urban beleidigt, »ich weiß gar nicht, was du meinst. Du bist schon genau so frech wie die Berta!«

»Na, reden wir nicht über die Berta.«

Susi schließt die Nähschachtel. Sie steht auf und streckt gähnend die Arme aus.

»Ich habe ja nicht von der Berta gesprochen. Ich habe von dir gesprochen. Warum gehst du denn wirklich nirgends mehr hin, Suserl?« Und Frau Urban, die von Susi keine Antwort bekommt, setzt zögernd, ängstlich, zärtlich hinzu: »Hast dich denn mit allen deinen Bekannten zerstritten?«

Susi lacht. Sie geht zu ihrem Bett und nimmt die Decke ab. Sie legt die Kissen für die Nacht zurecht und setzt sich auf den Bettrand.

»Zerstritten hab ich mich nicht, Mutter. Das ist es nicht.«

»Wenn du dich bloß einmal mit mir aussprechen wolltest«, sagt die Mutter leise. »Andere Töchter beraten sich mit ihren Müttern, aber meine Töchter, meine Töchter ...«

Susi hat sich ins Bett gelegt. Ihr Bett steht beim Fenster, das der Mutter bei der Tür. Es ist viel Raum zwischen den beiden. Es ist gut, daß Frau Urban Susis Gesicht nicht sehen kann. Susi weint jetzt ein bißchen. Sie weint lautlos, unhörbar und heftig. Darin hat sie große Übung. Viele Nächte hat sie so durchweint. Viele Tränen hat sie seufzerlos in ihre Polster geborgen. »Lösch' das

Licht aus!« sagt Frau Urban müde. Sie weiß genau, daß Susi sich nicht aussprechen wird. Es ist ja ein Unsinn, daß das Mädel sich einbildet, die Mutter könne »so etwas« nicht verstehen, aber es hat wohl keinen Zweck, ihr das auszureden ...

»Gute Nacht, Mutter.«

»Gute Nacht, Susi.«

Ja, die Mutter kann jetzt leicht sagen: »Sprich dich doch aus, Susi.« Susi hat es nicht gelernt, sich mit irgend jemand auszusprechen. Denn damals, wie Susi ihr Herz auf der Zunge trug, damals, als sie keine größere Sehnsucht kannte, als sich auszusprechen, da hat kein Mensch Zeit gehabt, ihr zuzuhören. Ja, sicherlich, die Mutter konnte nichts dafür. Es waren bittere, harte Jahre, es gab wichtigere Ereignisse, als die Schmerzen der heranwachsenden Tochter ... Das ist alles richtig, und Susi ist bereit, es zuzugeben. Sie hat nur leider in diesen Jahren das Sichaussprechen, Sichanvertrauen verlernt ...

Die Zeit, in der es schön war, zu Hause zu sein, ein Kind zu sein, die Zeit ist lange vorüber und war sehr kurz. Die Zeit, wie Vater noch lebte, die Eltern noch das Geschäft hatten. Ach, das schöne Geschäft mit den vielen, bunten Fläschchen, Schachteln, Kartons und Etiketten. Ach, das schöne Geschäft mit dem herrlichen Schild: Anton Urban, Kerzen, Seifen und Parfümerien. Lange bevor Susi in die Schule ging und dort erlernte, Ast und Nest zu schreiben, begriff sie den Inhalt dieser Worte: Anton Urban, Kerzen, Seifen und Parfümerien. Anton Urban, das ist Vaters Name! Anton Urban, gedruckt in schönen Lettern. Und Kerzen, Seifen und Parfümerien bedeutet, daß alles ihm gehört, alles, was in diesen Regalen steht und in die schönen Schachteln gepackt ist. Ach, es sind so hohe, hohe Regale, daß sogar der Vater oder die Geschäftsmarie manchmal auf die Leiter klettern müssen, um herunterzuholen, was verlangt wird!

Und dann wird von der großen Papierrolle mit kühnem Schwung das Papier abgerissen, ein Paket gemacht, und die Mutter sitzt in der Kasse und verlangt Geld von den Leuten.

»Wenn ich groß bin«, prahlt Susi ihren kleinen Freundinnen gegenüber, »wenn ich groß bin, sitze ich in der Kasse, oder ich gebe den Kunden, was sie verlangen.«

Susi wird heftig beneidet. Sie genießt Achtung im Park, »denn Susis Eltern sind Geschäftsleute«. Susi freut sich, wenn sie dieses Wort hört, es scheint ihr etwas Besonderes, etwas Herrliches, solche Eltern zu haben. Sie spielt im Park »Geschäft«. Sie steht hinter der Bank und ordnet mit wichtiger Miene Steine und Kastanien in Schachteln, die sie dann verkauft. »Ein halbes Kilo Schmierseife ... sofort, gnädige Frau ... Ein Liter Petroleum ... das bessere oder das billige ...?«

Nie gestattet sie, daß ein anderes Kind verkauft und sie die Rolle der Kundin übernimmt. Es wäre ihr als Erniedrigung erschienen, einzukaufen, statt die Qualität oder die Billigkeit ihrer Waren zu rühmen. Die Rolle der Geschäftsmarie bekommt täglich eine andere Freundin, und es steht durchaus in Susis tyrannischem Ermessen, diese Freundin zu bestimmen. Das ist die herrliche, ungebundene Zeit vor dem vollendeten sechsten Lebensjahr, in der es noch keine Schule gibt.

Susi sieht diesem großen Tag etwas bedrückt und unruhig entgegen. Sie ist die jüngste der drei Urban-Geschwister, »ein Spätling, mit dem niemand mehr gerechnet hat«, wie sie oft hört. Der große Bruder ist wirklich schon sehr groß im Verhältnis zur kleinen Susi. Prahlen andere Mädchen damit, daß die Brüder schon zur Schule gehen, so kann Susi nur überlegen lachen: »Mein Bruder geht schon ins Gymnasium! Mein Bruder geht schon lange nicht mehr in den Park spielen! Schon lang, lang nicht mehr!« Und wird sie gefragt: »Wie lange nicht mehr?«, dann antwortet sie kurz entschlossen: »Mein Bruder ist überhaupt nie in den Park gegangen, der war schon immer groß!«

Franz ist der große Bruder. »Servus, Kleine!« ruft er und hebt Susi in die Höhe. »Servus, Mistfratz! Da hast, ich schenk' dir was«, sagt er großmütig, und Susi bekommt Bleistifte, die so winzig sind, daß kein Mensch damit schreiben kann, Hefte, die er bis auf die letzte Seite ausgeschrieben hat, entzweigebrochene Lineale ...

»Ja, brauchst du denn das nimmer?!« ruft sie atemlos vor Glück.

Berta, die große Schwester, ist lange nicht so interessant. Sie sitzt beim Pianino und übt. Es klingt langweilig. Berta ist sehr brav, und Vater behauptet, Berta wäre immer so brav gewesen. »Auch, wie sie so klein war wie du jetzt. Die war nicht den ganzen Tag im Park. Die hat zu Hause mit ihren Puppen gespielt. Den ganzen Tag hat man sie nicht gehört.«

Susi ist so etwas unheimlich. Sie versteht die große Schwester nicht, und sie bedauert sie ein wenig. Franz muß nicht brav sein, Franz ist ein Bub, und Brav-sein-müssen ist eine Sache für Mädels. »Der Franz«, sagen die Eltern, und ihre Augen leuchten.

Und jetzt ist Susi also sechs Jahre alt und kommt in die Schule. Da sie keine kleinen Geschwister hat, die damit prahlen können, versteht sie nicht recht, für wen sie dieses große Opfer bringen soll.

»Also, ein Jahr der großen Ereignisse. Die Kleine kommt in die Taferlklasse und ...«

»Und«, will Susi wissen.

»Und der Franz hat in diesem Jahr die Matura.« Der Vater lächelt. Die Mutter sieht gerührt auf ihren großen Sohn, und Berta macht ein wichtiges Gesicht.

»Matura?« fragt die kleine Susi.

»Matura«, erklärt Berta, und es ist klar, daß kein Mensch in diesem Zimmer so genau weiß wie Berta, was eine Matura ist.

»Matura ist die Abschlußprüfung im Gymnasium. Nächstes Jahr kann dann Franz auf die Universität gehen.«

Susi kann sich nach dieser Erklärung nicht viel vorstellen, aber sie begreift, daß neuerlich Grund da ist, auf Franz stolz zu sein, und wißbegierig fragt sie weiter: »Und was ist dann?« »Dann wird er Doktor«, sagt die Mutter feierlich.

»Doktor«, das versteht Susi sofort. Was ein Doktor ist, weiß sie. Der Doktor Gruber war bei ihr, wie sie die Masern hatte. Er hat sie wieder gesund gemacht. Und man mußte vor ihm noch mehr Respekt haben als vor Vater und Mutter. Ja, sogar die Erwachsenen mußten ihm gehorchen. Die Mutter war immer sehr aufgeregt, bevor er kam. Es mußte jedes Mal alles besonders schön, sauber und ordentlich sein, und wenn er wegging, sagte sie jedesmal: »Bitte, Herr Doktor, ich werde alles befolgen.«

Ja, der Franz, der ist bestimmt der Richtige dazu, so etwas Großartiges zu werden wie ein Doktor.

»Und die Berta«, erzählt der Vater, »die Berta wird jetzt ins Konservatorium gehen und später die Staatsprüfung für Klavier machen. Wirst du dir ein Beispiel an deiner großen Schwester nehmen und auch so fleißig sein?«

Susi nickt. Aber sie hat gar nicht richtig zugehört. Anbetend blickt sie auf Franz, den großen Bruder.

»Na, und was willst du einmal werden?« fragt Berta herablassend.

»Ich? Oh, ich lerne kochen, und wenn der Franz Doktor ist, werd ich ihm die Wirtschaft führen!«

»Na, fein, dann muß ich wenigstens nicht heiraten!« Franz kneift lachend die kleine Schwester in die Wange.

Die anderen lachen auch. Nur Berta, die große Schwester, sagt ernst und wichtig: »Es ist die höchste Zeit, daß sie in die Schule kommt. Ihr Ehrgeiz muß endlich geweckt werden ...«

Vater nickt. Die Berta ist sein Liebling.

Zuerst fängt das mit der Schule ja ganz lustig an. Susi geht mit Vater eine Schultasche kaufen.

»Susi, such' dir was aus. Aber denke daran, die Tasche muß fünf Jahre halten ...«

Susi nickt. Sie muß nicht lange suchen. Sie hat sich auf den ersten Blick in eine Tasche verliebt, auf der ein kühner Reiter abgebildet ist, der eben in vollem Sprung eine Hürde nimmt. Es ist die einzige Tasche, die so prunkvoll verziert ist. Die anderen Taschen sind alle ganz einfach. Überdies ist der Reiter sehr schön. Auch das Pferd ist nicht übel, es hat die Vorderbeine in die Höhe gestreckt, wenn man das eine Weile ansieht, hat man direkt das Gefühl, daß man selbst über diesen Graben springt.

»Diese Tasche, bitte, Vater!«

»Den Jockei willst du haben?«

»Nein, den Reiter ...«

»Der Reiter ist ein Jockei«, wird sie belehrt. »Aber bitte, wenn er dir so gut gefällt, sollst du ihn haben!«

Susi bekommt noch ein Lesebuch, eine Schiefertafel, an der ein kleiner Schwamm hängt, und Griffel bekommt sie, Griffel in buntem Papier.

Anfangs ist also alles ganz schön. Susi geht in die Schule, sie lernt lesen, schreiben, rechnen.

Sie hat eine Freundin, mit der sie zusammen nach Hause geht, mit der sie nachmittags die Aufgaben macht. Es ist nicht gar so schrecklich, in die Schule zu gehen. »Fad ist es halt«, gibt sie zu, wenn sie gefragt wird, wie es ihr dort gefällt. Der große Bruder Franz hebt sie in die Höhe und sagt: »Servus, Schulmädel!«

»Mistfratz bin ich keiner mehr?« fragt sie erstaunt.

Berta unterbricht für einen Augenblick das Klavierspiel: »Lach nicht, Franz«, sagt sie streng. »Ich fürchte, das Kind ist zurückgeblieben.«

Aber der Franz lacht trotzdem und versichert: »Natürlich bist du ein Mistfratz!«

So vergeht das erste Schuljahr. Es wird Sommer. Es beginnen die großen Ferien, und Susi wird für einige Wochen die entbehrte Freiheit zurückgegeben.

Der Bruder Franz hat die Matura bestanden und darf eine große Reise machen. Die Mutter fährt mit den beiden Töchtern aufs Land. In die Nähe von Wien, damit Vater jeden Samstag auf

Besuch kommen kann. Berta übt auch am Land Klavier, Mutter wartet auf Franzens Briefe und darauf, daß es Samstag wird und der Vater kommt. Susi hat sich mit dem Sohn des Hausherrn angefreundet, der Pepi heißt und auch nicht gern in die Schule geht, mit dem Hund Flocki und mit der Katze Minka. Sie verbringt ihre Tage im Garten, auf der Wiese, im Stall, wo sie sich vor den Kühen fürchtet und es doch wunderschön findet. Sie kommt zu spät und erhitzt von den Mahlzeiten, wird von Berta gerügt und von der Mutter gestreichelt.

Im August kommt Franz aus Ostende zurück. Er ist braungebrannt, sieht wunderschön und erwachsen aus. Er hat der kleinen Susi Muscheln mitgebracht, er sitzt abends auf der Veranda und erzählt von seiner Reise. Die Hausfrau ist zu Besuch gekommen und sagt: »So einen großen Sohn haben Sie schon, Frau Urban? Ja, da schau auch!«

Susi und Pepi sitzen im Hintergrund und hören den Gesprächen zu. Ach, was ist Franz für ein weitgereister Herr. Welche Abenteuer hat er bestanden und welche Gespräche hat er geführt! In einer fremden Sprache ... »Französisch ist das«, erklärt soeben der Franz.

»Und im Herbst wollen Sie die Universität besuchen?« fragt die Hausfrau.

»Universität?« flüstert der kleine Pepi. »Wo ist das? Was macht man dort?«

»Dort wird er Doktor«, antwortet die kleine

Susi und mit unendlichem Stolz blickt sie auf Franz, dem größten aller großen Brüder.

Der Sommer geht zu Ende. Das Schuljahr beginnt. Susi geht jetzt in die zweite Klasse. Sie schreibt nicht mehr auf der Tafel. Sie hat ein Heft mit vier Linien, sie hat einen Federstiel und einen Bleistift. Immer deutlicher merkt Susi, daß sie älter wird, und sie sehnt mit Heftigkeit die Zeit herbei, in der sie, statt in die fade Schule zu gehen, dem Vater im Geschäft helfen darf oder der Mali in der Küche. Sie findet es herrlich, wie Mali aus Mehl, Wasser und Ei Nockerl macht, und atemlos sieht sie zu, wie aus rotem, blutigem Fleisch Gulasch wird. »Laß' mich helfen, Mali«, bettelt sie. Und sie ist glücklich, wenn Mali ihr gnädig eine Schürze vorbindet, ihr erlaubt, Erdäpfel zu schälen oder die Teller zu waschen.

»Hast du denn gar keinen anderen Ehrgeiz?« fragt Berta. »Willst du nicht lieber bei mir Klavierspielen lernen?«

Aber Susi haßt das Klavier. Die Tonleiter, Fingerübungen und Etüden, die die Schwester mit hartem Anschlag stundenlang spielt. Nein, das will sie nicht erlernen! Und auf dem hochgeschraubten Klavierhockerl sitzend, hört sie mit Widerwillen der lehrhaften Stimme der großen Schwester zu: »Kleider kosten Geld und Müüüh, drum ihr Kinder schonet sie ...«

Berta hält fest wie ein Schraubstock Susis kleine Hand und hämmert damit auf den Tasten.

»Nun, ist das nicht hübsch? Ist das nicht lustig?« fragt sie gnädig.

Nein, Susi findet es nicht hübsch. Susi findet es nicht lustig. In endlosen, grauen Wintermonaten schleicht das Schuljahr zu Ende. Es wird endlich Frühling, es wird Sommer. »Mutter, wohin fahren wir heuer aufs Land?«

Susi ist jetzt sieben Jahre alt. Das Schuljahr ist zu Ende. Die Zeugnisse werden verteilt. Die Familie Urban fährt aufs Land. Susi spielt mit neuen Freunden, mit Katzen und Hunden, im Garten, auf der Landstraße, auf der Wiese. Sie darf sich Gefrorenes kaufen und ins Bad gehen. Sie darf schwimmen lernen, und sie soll Aufgaben machen. Es ist heißer, strahlender Sommer. Blau, endlos, weit und wolkenlos spannt sich der Himmel über ihre Kindheit.

Es ist der Sommer 1914.

Es ist der Sommer 1914.

Die kleine Susanne erlebt ihre Ferien. Sie läßt die Erwachsenen reden, sie beachtet das aufgeregte Gebaren der Großen weniger denn je. Es sind Ferien! Und Susi hat gelernt, daß die Zeit vergeht, daß sie aus Stunden, Tagen, Wochen und Monaten besteht und daß nach grausamen und unwiderruflichen Gesetzen aus Sommer Herbst werden muß. Sie genießt also diese Ferien dankbar und leidenschaftlich. Sie ißt ihre Riesenbutterbrote mit Heißhunger, sie stiehlt mit ihren Kameraden unreifes Obst von den Bäumen. Die

Katze hat vier Junge bekommen – Schumachers Gretl hat bei einem Ausflug ihren Hubertusmantel verloren, und Gusti hat einen Brombeerschlag entdeckt, den man tagelang plündern kann. Mit Krügen und Schalen ziehen die Kinder aus, stolz, müde und zerkratzt bringen sie die brombeergefüllten Krüge nach Hause.

Die Erwachsenen stehen in Gruppen zusammen und fuchteln mit der Zeitung in der Luft herum. Susi weiß, daß es gut ist, sich nicht um die Erwachsenen zu kümmern. Sie trinkt durstig saure Milch und verabredet mit Gusti einen Wettlauf.

Es ist Abend. Müde vom Spiel, schmutzig und hungrig eilt die kleine Susi nach Hause. Es ist 7 Uhr, seit einer halben Stunde wartet die Mutter mit dem Nachtmahl! Heute wird es bestimmt was setzen. Die Mutter hat gesagt, wenn das noch mal vorkommt, daß Susi zu spät kommt, dann ... Susi läuft, läuft ... Mutter, ich kann nichts dafür, überlegt sie, Mutter, weißt du, das war so ... Viele erwachsene Leute stehen auf der Straße, sie sprechen laut miteinander, sie stehen in Gruppen und lesen ein großes Plakat. Wenn Susi es nicht so eilig hätte, könnte sie jetzt stehen bleiben und den Großen beweisen, daß sie, genau wie sie, auch dieses Plakat lesen kann. Fast ebenso rasch!

Sie stößt die Gartentüre auf: »Mutter, weißt, das war so ...« Aber sie bleibt in der geöffneten Türe stehen. Sie betrachtet erstaunt die vielen fremden Menschen. Sie schreien und gestikulieren. Die Hausfrau ist da und Nachbarn. Vater ist gekommen, mitten in der Woche. Und da steht Franz. Sein junges Gesicht leuchtet. Er schwenkt ein Zeitungsblatt in der Luft. »Kinder«, ruft er, »Kinder, es ist Krieg!«

Es ist Krieg. Früher als sonst fährt die Familie Urban in die Stadt zurück. Es ist eine ganz neue Stadt. Bunt und farbig. Zwischen den leuchtenden Kleidern der slowakischen Kindermädchen, die mit wippenden Röcken in hohen Stiefeln stolz ihre Babies tragen, sieht Susi Uniformen, Uniformen, Uniformen ... Fahnen wehen von jedem Haus. Junge Burschen ziehen durch die Straßen, sie haben kleine Sträußchen auf den Hüten und singen begeistert: »Uns haben s' b'halten ...!« Die Leute bleiben stehen und lachen. Susi ist fast den ganzen Tag unterwegs und wundert sich, daß es so viel zu sehen gibt.

Und heute Abend ist Fackelzug. Die Familie Bayer hat die Urbans eingeladen, denn die Bayers haben eine Wohnung auf der Mariahilfer Straße und von ihren Fenstern aus kann man den Fackelzug großartig sehen.

Es ist 9 Uhr abends, die kleine Susi soll schon längst im Bett liegen. Sie ist müde und gähnt. Sie steht auf dem Fensterbrett und wird von der Mutter gehalten. »Kommen sie nicht bald?« fragt sie ungeduldig.

Die Großen warten schweigend. Sie starren angestrengt auf die Straße, als wäre es verboten, sich mit etwas anderem als Warten zu beschäftigen.

»Jetzt kommen sie«, ruft der Vater aufgeregt. »Man hört sie schon!«

Ja, da kommen sie. Sie kommen mit Musik und Gesang, sie tragen Fackeln und Fahnen, es sind unendlich viele, viele Männer und Frauen. Sie ziehen alle nach Schönbrunn, wo der Kaiser wohnt.

Berta beginnt mitzusingen, mit hoher, ein bißchen kieksender Stimme. Der Vater hat sich weit herausgebeugt. »Da ist er«, ruft er aufgeregt, »Mutter, kannst ihn sehen? Da ist er, der Franzl, unser Bub!«

Ja, da ist er. Susi sieht ihn jetzt ganz deutlich. Er schwenkt seinen Hut, auf dem ein buntes Sträußchen steckt. Der Gesang, die Musik, die Trommeln sind so laut, die Rufe der vielen Menschen so unverständlich. Susi greift ängstlich nach Mutters Gesicht. Es ist naß, Mutter weint. Warum weint Mutter in dieser lärmenden Fröhlichkeit? Warum schreien die Menschen auf der Straße? Weint man oder lacht man? Ist es Freude oder Schmerz, das unruhige Licht der Fackeln, das Trommeln und Schreien?

Susi klammert sich fester an die Mutter. Sie will Franzl rufen, sie will ihm winken, aber der ist schon weg, fortgezogen mit dem singenden Schwarm. Da beginnt Susi laut und hemmungslos zu weinen.

Sie fürchtet sich.

Es wird Herbst und Winter. Susi muß in die Schule gehen. Aber in eine neue. In der alten wohnen Soldaten. Es ist eine Kaserne aus ihr geworden. So geht Susi in die Schule, einen Tag vormittags, einen Tag nachmittags. Das ist eigentlich ganz lustig. Aber Susi lernt nicht nur subtrahieren und dividieren, sie lernt nicht nur die Babenberger kennen und die Karte von Österreich-Ungarn lesen, nein, sie lernt auch den Unterschied zwischen Kriegs- und Friedensware, sie macht die Bekanntschaft mit Rohzucker, Dörrgemüse und Papierstoffen, Zitronenersatz und Sacharin. Sie nimmt sich das Lesebuch zum »Anstellen« mit, sie weiß, was Schleichhändler sind und versteht was »hamstern« heißt. Wenn sie abends müde in ihr Kinderbett fällt, schließt sie nicht mehr wie früher sofort die Augen zum gesunden Schlaf. Sie muß an Franzl denken, der jetzt, oh wie viele Monate schon, sein warmes Bett entbehrt. Und in ihrem gedankenlosen Abendgebet fügt sie inbrünstig flehend hinzu: »Und lieber Gott, mach, daß der Krieg bald aus ist und daß der Franz gesund nach Hause kommt.« Dann, eines Abends: »Und auch der Vater ...«

Ja, der Vater ist jetzt auch im Krieg. Viel früher als Susi geglaubt hat, ist die Zeit gekommen, in der sie der Mutter bei der Arbeit helfen darf. Die Mali steht nicht mehr in der Küche, die Mutter muß zwischen Wohnung und Geschäft hin und her laufen und den beiden Töchtern Anweisungen geben. Susi muß nicht mehr darum betteln, in der Küche zu helfen. Sie schält Erdäpfel, aber es ist keine große Freude, diese Erdäpfel zu schälen. Häßliche, übelriechende Kartoffeln sind es, an denen die kleine Susi wütend herumkratzt. Und die Nockerl, die sie kochen lernt! Du lieber Himmel, was sind das für Nockerl! Aus schwarzem Mehl, ohne Eier. Alles, was Frau Urban im Schleichhandel ergattern kann, wandert in Feldpostpaketen zu Franz und Vater.

Die Geschäftsmarie steht noch im Geschäft und hilft der Mutter beim Verkaufen. Ach, aber das Geschäft! Welch große Sorgen macht es der Mutter! Die Seife schäumt nicht, die Kerzen stinken, und gar die Parfümerien …

Die Berta kann nicht mehr aufs Konservatorium gehen, aber sie kränkt sich gar nicht deswegen. Oh nein, sie sitzt überhaupt nicht mehr beim Klavier! Sie pudert sich die Nase weiß, und übers Gesicht zieht sie einen lila Schleier, wenn sie ausgeht.

»Laß doch diese Faxen«, sagt die Mutter. Aber die Berta gibt gar keine Antwort, sie dreht sich vor dem großen Spiegel im Wohnzimmer und besieht sich von allen Seiten. »Ich komme heute nicht zum Nachtmahl nach Haus«, sagt sie dann.

»Na, ob das dem Vater recht wär', daß du umeinanderfliegst!« »Ich bitte dich, Mutter, soll ich denn mein ganzes Leben zu Hause vertrauern? Was hab ich denn bisher gehabt von meiner Jugend?«

Und die Berta geht weg. Ihr weiter Rock wippt unternehmungslustig. »Rund-um-die-Liebe-Kostüm« heißt es, hat sie der Susi erklärt.

Die Mutter sieht ihr nach und preßt die Lippen zusammen. Dann setzt sie ihre Brille auf und liest noch einmal den Brief, den Franzl geschrieben hat. Ihre Hände zittern.

Die kleine Susi sitzt am Tisch und macht gähnend die Aufgaben. Sie ist jetzt immer müde und immer ein bißchen hungrig. »Es läutet, Mutter«, sagt Susi faul.

»Geh, mach' auf, es wird die Nachbarin sein, sie hat mir zwei Eier für heute versprochen.«

Der Gedanke an die zwei Eier wirkt belebend. Susi eilt hinaus. »Frau Pechacek!« ruft sie und öffnet die Tür.

Aber es ist nicht Frau Pechacek. Ein Soldat ist da, er trägt einen schweren Rucksack und eine schmutzige Uniform. »Bitte schön?« will Susi fragen, aber der fremde Soldat hat sie in die Höhe gehoben. Sie spürt einen feuchten Bart im Gesicht. »Mutter, Mutter!« schreit sie, »Mutter, der Vater ist da!«

Der Vater ist da. Er trägt Susi ins Zimmer und umarmt seine Frau. Er wirft den schweren Rucksack auf den Tisch. Er hat Brot mitgebracht, herrliches Kommissbrot und Speck. Susi kann es gar nicht fassen, daß es noch solches Brot auf der Welt gibt. Die Mutter weint, sie streichelt Vater aufgeregt mit fliegenden Händen. »Anton«, sagt sie. »Anton, warum hast du denn nicht geschrieben, daß du kommst, Anton?«

»Aber ich hab ja geschrieben, Alte, so wein doch nicht! Beruhig dich doch! Wo ist denn die Berta?«

Die Berta ist bei einer Freundin eing'laden. Sie muß aber bald da sein.«

Die Mutter hat einen Tee gemacht. Tee mit wirklichem Zucker, den sie für einen Feldpostkuchen versteckt hatte. Susi trinkt den süßen Tee, sie ißt schweigend und selig ein Stück Brot mit Speck nach dem anderen. Sie ißt so lange, bis sie keinen Bissen mehr hinunterbringt.

»Geh' schlafen, Susi«, sagt der Vater. »Mutter, mach' auch für uns die Betten. Gott, freu' ich mich darauf, wieder einmal in einem ordentlichen Bett zu schlafen!«

»Vater, wann ist der Krieg aus?« will Susi wissen.

»Bald, sehr bald! Geh' schlafen, Suserl, du schaust gar nicht gut aus!«

Susi geht schlafen. Sie ist todmüde nach der ungewohnten Mahlzeit. Aber eigentlich ist es schade um die Zeit. Man sollte wachbleiben und sich freuen, daß Vater da ist.

Sie schläft ein. Satt schläft sie ein und glücklich. Der Vater ist da, der Krieg ist bald aus …

Spät nachts dringt lautes Schreien und Lärmen in ihren tiefen, traumlosen Schlaf. Sie erwacht langsam, sie besinnt sich mühsam. Auf der Gasse, denkt sie verwirrt, vis-à-vis im Wirtshaus … Sie will gähnen, sich zur Wand drehen und weiterschlafen. Aber sie richtet sich im Bett auf; nicht im Wirtshaus, nein, in der Wohnung! Einbrecher! »Mutter!« schreit sie angstvoll. Sie springt aus dem Bett, sie hastet zur Türe. Da im Wohnzimmer ist Licht, von hier kommt der Lärm. Sie reißt die Türe auf: »Mutter!«

Der Vater steht mitten im Zimmer und hält die Uhr in der Hand. Vor ihm steht die Berta. Susi begreift nichts. Was ist denn los? Warum schreit Vater so, und wer hat der Berta den Schleier vom Gesicht weggerissen? Vater ist da. Ja, Vater ist gekommen – und er schreit. Mit der Berta schreit er. Ja, warum denn? Jetzt, mitten in der Nacht schreit er mit Berta, mit seinem Liebling! Berta, gegen die er nie die Hand erhoben, der er nie ein böses Wort gesagt!

»... jetzt kommst du? Um 3 Uhr nachts? Um 3 in der Früh? Da schau' dir die Uhr an, wie spät es ist! Wo warst du? Red doch endlich ein Wort! Also, so kann ich mich auf dich verlassen! Das ist das Vorbild, das du deiner kleinen Schwester gibst! Um 3 Uhr früh! Meine Tochter ...!«

Und jetzt hebt der Vater die Hand und schlägt die große, erwachsene Tochter, schlägt Berta, den Liebling, den Stolz seines Herzens.

»Anton, Anton!« ruft die weinende Stimme der Mutter. »Anton, besinn dich doch!«

Susi beginnt laut zu weinen. Sie fürchtet sich. Sie fürchtet Vater, der wie ein fremder Mann im Zimmer steht und die große Schwester schlägt. Warum weint Berta nicht? Warum bittet sie Vater nicht um Verzeihung?

»Du Schlampen du, du glaubst wohl, weil der Vater im Feld ist, du glaubst ...!«

»Anton!« Die Mutter hat Berta zur Seite gerissen. »Was stehst denn da wie ein Stock? So sag doch ein Wort! Beruhig doch den Vater!« Sie schiebt Berta zur Türe. »Geh, geh in dein Zimmer! Geh schon! Und die Susi steht auch da umeinand'! Schau, daß du ins Bett kommst!« Die zitternden Hände der Mutter drängen beide Mädchen ins Zimmer. Susi will sich nach Vater umdrehen. Der ist keuchend auf einen Sessel gesunken. Er hat den Kopf auf seine Arme gelegt. Vater weint ...

Verzweifelt, verwirrt, betäubt und fassungslos kriecht Susi zum zweiten Mal in dieser Nacht in ihr Bett: »Mutter ...«, flüstert sie. Aber die Mutter küßt sie nur flüchtig und sagt: »Schlaf' ein, Susi, schlaf' ein und sei brav!«

Berta sitzt mit abgewandtem Gesicht auf ihrem Bett. Sie weint noch immer nicht.

Vater hat 14 Tage Urlaub. Die Nachbarn kommen zu Besuch und wollen wissen, wie lange der Krieg noch dauern wird und »wie es draußen ist«. Vaters Uniform ist schön sauber geputzt, sein Schnurrbart ist jetzt, wie früher, in die Höhe gewichst. Fast sieht er aus wie Vater vor dem Krieg ... Er steht im Geschäft und sieht seufzend die Waren an. Er macht die vielen Schachteln auf und zu und schüttelt den Kopf. Er sagt, daß der

Krieg bald aus sein muß ... »Aber die schönen Zeiten, die wir erlebt haben, die Friedenszeiten, die kommen nimmer ... Eine Semmel um zwei Kreuzer ... aus, vorbei ...« Und seine Hand zieht in der Luft einen langen Strich. »Aus, vorüber ...«

Die Berta bleibt jetzt wieder viel zu Hause. Aber Susi weiß, daß sie nachts im Bett lange Briefe schreibt und daß sie viel mit der Geschäftsmarie zu tuscheln hat.

Und 14 Tage sind bald vorüber. Der Urlaub des Vaters ist zu Ende. Er muß wieder hinaus in den Krieg. Er geht in der ganzen Wohnung spazieren und sieht sich die Möbel an. »Wein nicht, Alte«, sagt er zur Mutter, »wein nicht. Was glaubst denn, wie lang der Krieg noch dauern kann? Er muß ja bald ein End' haben.« Er küßt seine Töchter zum Abschied. »Bleibts brav, Mädels«, und da weint auch die Berta. Sie wirft die Arme um Vaters Hals und drückt den Kopf an Vaters Schulter. »Vater!« schreit sie, »Vater!« Auch Susi möchte gerne den Vater umarmen, aber sie ist noch so klein. Ihre Arme erreichen seinen Hals nicht, ihr Kopf nicht seine Schulter.

Der Vater ist wieder im Feld. Aber der Krieg geht nicht zu Ende. Ja, es ist, als würde er erst richtig beginnen. Die Schule bleibt im Winter wochenlang gesperrt, es gibt keine Kohlen, und man kann die Schulen nicht heizen. Aber diese Winterferien sind gar nicht sehr lustig. Es ist auch zu Hause kalt. Den ganzen Tag muß man in der Küche sitzen. »Wie bei den armen Leuten«, sagt die Berta … Wenn Susi übermüdet vom Anstellen nach Hause kommt, sitzt die Mutter weinend beim Herd. Susi setzt sich zu ihr. »Wein nicht, Mutter«, sagt sie tröstend. Die kleine Susi gähnt laut.

»Bist du sehr müde, Suserl?« fragt die Mutter.

»Du meinst, weil ich gähn'? Ich könnt' jetzt den ganzen Tag gähnen. Immerzu!« Und zur Bekräftigung ihrer Worte gähnt sie noch einmal laut und anhaltend. »Die Füß' tun mir weh, Mutter.« Und Susi zieht die unbequemen Holzschuhe aus und reibt heftig die roten, erfrorenen Zehen. »Wo ist denn die Berta?«

»Bei einer Freundin.«

»Na ja, mir kann's recht sein.«

»Was soll das heißen. Wie red'st du denn?«

Mutter versucht ihrer verweinten Stimme einen strengen Ton zu geben, aber sie wechselt selbst das Thema und fragt zärtlich: »Willst du Polenta essen? Ich hab' Marmelade zu Haus.«

»Fein«, sagt Susi und gähnt jetzt besonders lang und heftig.

Und es ist noch immer Krieg. Noch immer. Noch immer. Susis Abendgebet besteht nur mehr aus einem Satz: Bitte, lieber Gott, laß' wieder Friedenszeit werden und laß' den Vater und den Franzl gesund nach Hause kommen. Das wiederholt sie unzählige Male, gegen den Schlaf ankämpfend, murmelt sie in ihr Kopfkissen, immer wieder diesen Satz.

Der Franzl, ja der Franzl! An ihn schreibt sie jeden Tag. In einer Lade bewahrt sie sein Matura-Bild auf. Wie fein und nobel er aussieht, in dem dunklen Anzug. Wie ein Prinz, denkt sie zärtlich. Und wenn sie dran denken muß, wie viele Soldaten jetzt in Wien herumgehen, denen ein Arm oder ein Bein fehlt, legt sie, als könnte dies den Bruder schützen, beide Hände auf das Bild und murmelt: »Nur das nicht, lieber Gott, nur das nicht ...«

Sie bewahrt auch ein großes, grünes Heft auf, das sie in Franzls Kasten gefunden hat. *Franz Urban* steht auf der ersten Seite in Rondschrift und darunter: *Gedichte*.

Der Franzl ist ein Dichter. Und wenn er vom Krieg nach Hause kommt, dann werden diese Gedichte gedruckt werden, und auf dem Buch wird in schönen Druckbuchstaben zu lesen sein: Gedichte von Franz Urban. Das wird noch viel, viel schöner sein als das große Schild über Vaters Geschäft: Anton Urban, Kerzen, Seifen, Parfümerien.

Susi kann diese Gedichte vom Franz schon alle auswendig, aber sie liest sie trotzdem jeden Tag. Und da ist es ihr immer, als wäre ihr der große Bruder so nah, wie er noch nie gewesen. »Franzl«, sagt Susi zu dem grünen Heft, »Franzl, ich hab' dich ja so lieb! Ich bin ja so stolz auf dich!« Und behutsam wendet sie die Seiten und liest das nächste Gedicht.

Eines Tages kommt Susi vom Anstellen nach Hause. Es ist 7 Uhr abends. »Mutter!« ruft sie und stellt die schwere Tasche weg. »Mutter, ein Kilo Erdäpfel, ohne Karte habe ich sie mir verschafft! Na, was sagst du dazu?«

Die Mutter sitzt beim Herd. Sie weint nicht, sie sieht Susi nicht an. Hinter ihr steht die Frau Pechacek. »Frau Urban, um Gottes willen, Frau Urban, denken Sie jetzt an Ihre Kinder! Frau Urban, verzweifeln Sie nicht so, Gott wird Ihnen helfen! Weinen Sie sich aus, Frau Urban, weinen tut wohl, Frau Urban!« Und die Frau Pechacek beginnt selbst zu weinen.

»Susi«, sagt die Mutter mit einer ganz fremden, tonlosen Stimme, »Susi, der Vater ist gefallen ...!«

Susi geht vorbei an Frau Pechacek in das eiskalte Wohnzimmer. Dort hängt ein großes Bild vom Vater. Sie starrt das Bild lange an. Aber dieser fremde, schlanke Herr im Gehrock mit aufgewichstem Schnurrbart ist gar nicht der Vater. So hat er nicht ausgesehen. Und sie denkt an den Mann in schmutziger Uniform, der sie eines Abends unvermutet in die Höhe gehoben hat. Hat Vater so ausgesehen? Oder der aufgeregte Mann, der nachts die große Schwester Berta geschlagen hat? War das der Vater? Und sie sieht sich selbst mit Vater im Geschäft stehen und die Schultasche kaufen. »Such' dir eine aus, die dir g'fallt, aber denk' dran, sie muß fünf Jahre halten.« Ja, das war der Vater!

Susis Füße brennen wie Feuer in den Holzschuhen. Sie hat Hunger. Warum geht der Krieg nicht zu Ende? Warum ist der Vater gefallen?

Und als hätte eine fremde Stimme es ihr versichert, muß Susi denken: Dieser Krieg wird nie ein Ende haben …!

Und doch hat auch dieser Krieg ein Ende. Der Krieg und das Anstellen, die Kohlennot und die Holzschuhe. Der Franzl kommt wieder nach Hause. Er kommt heil und gesund. Nichts ist ihm passiert. Er hat alle seine Gliedmaßen, und wenn man ihn fragt: »Wie war's?«, dann sagt er: »Mein Gott, ganz schön!« Er ist Oberleutnant, und er hat die »Große Silberne«. Aber der Krieg ist ja nun aus, und kein Mensch interessiert sich mehr für die Heldentaten. Ja, der Franzl ist Oberleutnant! Eigentlich muß man jetzt sagen, er war Oberleutnant, aber Doktor wird er nie mehr werden. Denn auf die Universität geht er nicht, »das ist der reine Blödsinn«, sagt er, »ein Mensch in meinem Alter! Jetzt muß Geld her!«

Ja, Geld müßte her, da hat er recht. Der Familie Urban geht es herzlich schlecht. Geld müßte her, damit man die Sachen, die es jetzt wieder gibt, auch kaufen kann. Das Kerzen-, Seifen-, Parfümeriengeschäft gefällt dem Franz auch nicht. »Das Kreuzerlgeschäft«, sagt er, und unzeitgemäß wäre das.

Er liegt auf dem abgeschabten Ledersofa und sagt mürrisch: »Da war mir der Krieg noch lieber, meiner Seel'!«

»Gott, die Susi ist ja auch schon groß!« sagt er erstaunt, aber viel mehr spricht er nicht mit der kleinen Schwester. Das grüne Heft mit den Gedichten, das vier Jahre ihr Heiligtum war, gibt er ihr gelangweilt zurück. »Kannst es verbrennen!« sagt er. Nun, so hebt es Susi weiter auf.

Eines Tages kommt Franz in einem eleganten Zivilanzug nach Hause. »So, Kinder, jetzt geht's los! Jetzt werde ich euch beweisen, was eure Greißlerei für ein Blödsinn ist!«

Und es geht wirklich los. Der Franzl ist halt doch ein Genie. Er macht Geschäfte. Er gibt Geld zu Hause her. Man kann jetzt fast alles kaufen, was man braucht.

Der Franz kriegt Besuche von feinen Leuten. Sie küssen der Mutter die Hand und sagen gnädige Frau zu ihr. Die Berta sitzt wieder am Klavier und spielt, wenn die Gäste da sind. Aber sie spielt jetzt ganz andere Sachen als früher. Sie spielt »Salome« oder »Sonja, Sonja, deine schwarzen Haare ...«, kurzum, sehr interessante Stücke spielt sie jetzt, die man auch untertags vom Werkelmann hören kann. Die Frau Pechacek steht den ganzen Tag am Gang und schaut, wer kommt. Sie ärgert sich, daß sie nicht auch eingeladen wird. »In den Tagen der Not war man halt gut genug«, sagt sie beleidigt.

Und dann schimpft der Franzl so lange auf die »Greißlerei«, bis sie eines Tages wirklich verkauft wird. Der Susi gibt es einen Stich ins Herz, wie man das Schild abnimmt: Anton Urban,

Kerzen, Seifen und Parfümerien. »Ich hätt's nicht erlaubt, Mutter.«

Aber sonst ist der Franzl ein braver Sohn. Die Mutter bekommt wieder eine Köchin für alles, und die Berta, »die durch den Krieg ihre schönsten Jahre verloren hat, muß unter die Leut' kommen«.

»Die Berta sollt' endlich eine Bekanntschaft zum Heiraten finden«, sagt die Mutter ängstlich.

»Ich will auch mal was vom Leben haben.« Und die Berta zieht ein Pierrot-Kostüm an, denn sie geht abends auf eine Redoute.

Zum ersten Mal beneidet Susi die ältere Schwester, denn so eine Redoute muß wirklich eine großartige Sache sein. Dort wird getanzt, alle Leute sagen einander »Du«, man zieht lustige Kostüme an, setzt sich bunte Perücken auf ..., »es ist eine Mordshetz«.

Selbstverständlich heißt es, wie immer, wenn etwas interessant ist: »Aber Suserl, du bist ja noch viel zu klein!«

Susi ärgert sich über die Ungerechtigkeit der Großen. Die Mutter geht abends ins Kino, die Berta und der Franzl sind auf Redouten oder bei irgendwelchen Unterhaltungen – – nur Susi bleibt zu Hause und langweilt sich.

Es ist ein Glück, daß auch Luise zu Hause bleiben muß. Luise, das Mädchen für alles. Erstens ist Luise ein gescheiter Mensch, mit dem man sich wirklich unterhalten kann, denn sie beginnt alle Erzählungen mit den Worten: »Du bist doch schon ein großes Mädel ...«, und zweitens sind die Erzählungen der Luise wirklich interessant. Von Luise erfährt man zum Beispiel den Unterschied zwischen einer Liebschaft und einer ernsten Bekanntschaft. Und nach diesen theoretischen Belehrungen folgen eine ganze Menge lebenswahre Erzählungen. »Eine Freundin von mir hat einmal ...« Nach der Anzahl dieser Anekdoten hat Luise so viel Freundinnen wie sonst überhaupt kein Mensch. Von Luise erfährt Susi auch, daß es »Romanbücheln« gibt, und wenn Susi das große Ehrenwort gibt, daß Frau Urban nichts davon erfährt, bekommt sie so ein Romanbüchel zum Lesen. Susi gibt natürlich gerne das große Ehrenwort und bekommt noch am selben Abend »Das Geheimnis der alten Mamsell«.

So lebt Susi mit der Freundschaft der Köchin Luise, mit dem neuerworbenen Schatz der »Romanbücheln« und den unklaren Erzählungen der großen Geschwister. Die großen Geschwister führen ein wunderbares Leben, bloß weil sie schon groß sind. Sie verkehren nur mit ganz feinen, ganz schrecklich reichen Leuten. Die Worte, die Susi am öftesten hört, sind: Generaldirektor, Auto, Villa ... Hie und da sagt die große Schwester Berta auch: Abendkleid.

»Recht hat das Fräulein Berta!« sagt die Luise am Abend. »Heutzutage muß man sein Leben genießen. Die paar jungen Jahre vergehen ja so rasch. Ja, in der früheren Zeit, da war das wieder was anderes! Da sind die jungen Leute miteinander gegangen, fünf Jahr', sieben Jahr', zehn Jahr'. Dann hat er genug verdient, und sie haben geheirat'. Wo ist heut ein Mann, der *die* Geduld hat? Ist ja ganz und gar ausgeschlossen! Für ein Mädel, das nein sagt, kriegt er ja gleich zehn andere, die ja sagen! Na, und was sollen die Mädeln da machen? Sie müssen ihr Leben genießen, solang' sie jung und sauber sind, dann wird man rasch alt, und man hat gar nichts vom Leben gehabt! Gar nichts! Aber so, wenn eine gescheit ist und sie es richtig versteht, kriegt sie vielleicht doch noch einen so weit, daß er s' heiratet. Jedenfalls bedeutend eher als mit der Anständigkeit. Denn mit der Anständigkeit ist heutzutag' einmal gar nichts anzufangen! Gar nichts!«

Susi wünscht ungeduldig, älter, älter, alt genug zu werden, um auch »das Leben zu genießen«, im Auto zu fahren, Generaldirektoren zu kennen, abends bunte Kleider zu tragen und tanzen zu gehen.

»Wenigstens 14 möcht' ich schon sein, damit ich nicht mehr in die Schule gehen muß«, vertraut sie Luise an.

»Das kann ich verstehen; in die Schule bin ich auch nie gern gegangen.«

Ja, die Luise ist wirklich ein famoser Kerl! Denn die anderen, die selbst nicht mehr in die Schule gehen wollen, die würden das ja nie zugeben. Berta zum Beispiel, wenn Besuch da ist, verdreht die Augen und versichert allen Leuten:

»Ich würde am liebsten heute noch in die Schule gehen!« Dann tätschelt sie herablassend Susis Kopf: »Meine kleine Schwester zum Beispiel ist wieder ganz anders. Ich glaube, sie würde die gewöhnliche Arbeit lieber verrichten, als sich geistig zu beschäftigen. Nicht wahr, Suserl, du bist nicht begeistert von der Schule?«

Luise, die also so ein netter Kerl ist, sollte sich nicht mit Berta anfreunden. »Warum tuschelst du mit Berta so viel?« fragt Susi vorwurfsvoll.

»Aber nix, Suserl, gar nix!« sagt Luise lächelnd und geht in die Küche.

Die Erwachsenen halten ja doch immer zusammen! Man soll mit ihnen nichts zu tun haben!

Dann kam alles sehr rasch. Wenn Susi sich erinnern wollte, womit und wie es begonnen hatte, dann fiel ihr immer der Nachmittag ein, an dem Franz ganz unvermutet in das Kinderzimmer kam und Susi ganz beiläufig fragte, ob sie ihm vielleicht ein paar Kronen borgen könnte, er sei zufällig in Verlegenheit …

Susi sprang diensteifrig, beglückt und dankbar, daß Franz damit zu ihr kam, auf, und leerte ihr Sparschweinchen aus.

»Danke schön, Kleine, kriegst es morgen.« Franzl klopfte der kleinen Schwester die Wange und ging.

Das war sicher ganz uninteressant, auch daß Susi das Geld nie wieder bekam, war uninteressant, aber trotzdem, von da an, passierte täglich etwas anderes.

Erst wurde der Luise gekündigt. »Wenn zwei große Töchter im Hause sind, ist das nicht nötig!« sagte Franz streng. Susi weinte beim Abschied von Luise. Aber die Luise war sehr verändert. »Na, wenn das bei euch nur ein gutes Ende nimmt«, sagte sie schnippisch. »Hoffentlich heiratet der reiche, junge Mann die Berta, von dem sie mir da so viel vorphantasiert hat.« Und damit ging die Luise. Von Frau Pechacek verabschiedete sie sich länger. Fast eine Stunde blieb sie bei ihr.

Susi war traurig. Daß sie im Haushalt helfen mußte, machte ihr nichts. Aber daß Luise nicht mehr hier war, daß die Mutter so ängstlich wurde, Franz so nervös, daß täglich viele Leute kamen, die laut mit Franz schrien, das bedrückte, das ängstigte sie.

Und dann stand eines Tages in der Zeitung, daß der Franz verhaftet war. Susi war damals noch ein kleines Mädel, aber sie verstand sofort, »daß es die Geschäfte waren«. Die »verdammten Geschäfte«, wie sie es in ihrem Zorn nannte. »Hättest du bloß nicht erlaubt, daß das Geschäft von uns verkauft wird, Mutter!«

»Du sei still«, rief Berta dazwischen, »unerhört, so ein Fratz!«

Aber Susi war nicht zurückzuhalten. »Ich bin kein Fratz! Du bist eine dumme Gans!«

Sie hatte keinen Respekt mehr vor der großen Schwester, keine Angst vor der Mutter, in ihr wohnte nur ein Gedanke, nur ein Gefühl mehr:

Jetzt ist alles aus. Das Schild vom Vater hat man heruntergenommen, der Franzl ist kein Doktor geworden, das Gedichtbuch will er nicht drucken lassen …, in der Zeitung steht der Name Urban, in der Zeitung steht, daß Franz Urban verhaftet ist. Jetzt war alles egal, jetzt war man niemands kleine Schwester mehr, der Berta kann man ruhig dumme Gans sagen, es ist ja auch wahr! Und auf die Mutter muß man jetzt keine Rücksicht mehr nehmen, denn, warum hat sie erlaubt, daß das Geschäft verkauft wird, daß man Vaters Schild herunternimmt … Es ist alles aus. Das ganze Leben ist vorbei.

So dachte also damals die kleine Susi Urban. Aber sie fühlte, daß sie gar nicht mehr klein war, sie fühlte, daß sie an diesem Tag, alt, uralt geworden war. Sie kramte das grüne Heft mit Franzens Gedichten hervor, das sie noch immer aufgehoben hatte.

Vor Jahren schon hatte der Franz zu ihr gesagt: »Verbrenn es!« Jetzt erst erfüllte sie ihm diesen Wunsch. Sie riß das Heft mit zitternden Händen entzwei, sie riß es in viele, kleine Stücke, und dann steckte sie es in den Ofen.

Sie weinte nicht, wie Franz verurteilt wurde, sie weinte nicht, wie Franz von ihnen nach der Gefängnisstrafe Abschied nahm, um wegzufahren, wahrscheinlich für immer … Der Franzl tat ihr leid, sehr, sehr leid, und sie hatte ihn auch noch lieb, natürlich, aber er war nichts Besonderes ihr Franzl, nein, er war nur Irgendeiner.

Sicher hatte die Frau Pechacek recht, die tröstend sagte: »Frau Urban, der Krieg, der Krieg hat alles auf dem Gewissen.« Ja, natürlich der Krieg. Aber der Krieg hatte auch die vielen anderen auf dem Gewissen ..., die vielen, vielen Leute. »Der Franzl ist nicht der einzige«, sagte die Frau Pechacek. Aber das war es ja gerade. Der Franzl ist nicht der einzige!

Die Urbans konnten die große, teure Wohnung tauschen, für eine kleinere im zweiten Stock. Sie bekamen sogar noch Geld für diesen Tausch, und das konnten sie wahrhaftig gebrauchen. Die neue Wohnung besteht aus einem Zimmer, zwei Kabinetten, Küche und Vorzimmer. Die Berta hat erklärt, daß sie endlich einen Raum für sich allein haben muß, so bewohnt Susi mit der Mutter das Zimmer, das zweite Kabinett ist vermietet. Ein gewisser Herr Leopold Traxler, Versicherungsagent, hat das Zimmer gemietet.

Susi ist 14 Jahre alt und muß nicht mehr in die Schule gehen. »Wozu soll sie weiter lernen?« sagt Berta, »bei ihr ist Hopfen und Malz verloren!«

Die Schule ist also aus, und jetzt kann das Leben beginnen. Aber Susi ist in ihren Erwartungen sehr herabgestimmt. Sie glaubt nicht, daß es so sein wird wie in den »Romanbücheln«, die die Luise ihr geborgt hat. Sie ahnt, daß die Redouten, die »große Hetz«, von denen vor ein paar Jahren so viel die Rede war, zugleich mit Franzl, dem großen, dem herrlichen, einzigen

Bruder, versunken, verschwunden und vergessen sind ...

Die Tante Milli hat erklärt, daß sie (die Tante Milli und ihr Mann, der Onkel Eduard) bereit sind, Susi ins Geschäft zu nehmen. »Bei uns kann sie was lernen, von der Pike an, da lernt sie mehr als in der Schule!« sagt die Tante Milli.

»Hast du Lust?« fragt die Mutter ängstlich.

Susi nickt. »Werd ich da bald was verdienen?« fragt sie.

»Bei uns wird niemand ausgenützt!« antwortet die Tante Milli. »Ein kleines Taschengeld bekommst du vom ersten Tag an. Und das weitere hängt davon ab, wie brav, wie fleißig und wie fähig du sein wirst.«

»Ja, Mutter«, sagt Susi, »ich hab' große Lust, ins Geschäft zu gehen!«

Geldverdienen ist das Wichtigste, das weiß Susi. Denn vom Zimmervermieten und von Bertas Gehalt kann man zu dritt nicht leben.

Am 1. August 1921 tritt Susi in die Firma Adolf Habermanns Söhne, Knöpfe en détail und en gros, Mariahilfer Straße 74, als Lehrmädchen ein.

Es ist ein strahlend heißer Sommertag. Susi ist zu Fuß gegangen. Sie hat sich die vielen bunten Schaufenster angesehen. Sie ist munter drauflos marschiert, und eigentlich hat sie nichts anderes gedacht, als daß Sommer ist, daß es warm ist ... Sie hat nicht überlegt, was sie dem Onkel sagen wird; hat nicht memoriert, was die Mutter ihr aufgetragen hat, hat nicht bedacht, was die

Schwester ihr erklärt hat, nein, munter und 14jährig ist sie an diesem schönen Sommertag die Mariahilfer Straße hinuntergegangen. Jetzt betritt sie das Geschäft von Adolf Habermanns Söhne, Knöpfe en détail und en gros, sie sieht sich in dem großen Raum um und sagt zu dem Kommis hinter dem Ladentisch: »Guten Tag! Ich bin das neue Lehrmädchen!«

Das Leben ist nichts Besonderes! Man muß arbeiten, um Geld zu verdienen, man muß lernen, etwas Richtiges zu arbeiten, um einmal richtig Geld zu verdienen. Es ist nicht immer leicht, den ganzen Tag an Onkel Eduards Knöpfe zu denken, Knöpfe an Karten zu nähen, diese Karten zu sondieren, Wege zu machen, das Telephon zu bedienen. Nein, es ist nicht immer leicht, aber es ist auch nicht sehr schwer. Es macht nicht viel Kummer, aber es macht auch nicht allzuviel Freude.

Wenn man sich einmal, als man noch zwölf und dreizehn Jahre alt war, unter dem Leben, unter dem Älterwerden etwas Besonderes vorgestellt hat, so hat man eben allzu rasch vergessen gehabt, wie schwer es im Kriege war, sich Brot und Kartoffeln zu beschaffen. Und man hat dummerweise geglaubt, was die Berta und die Romanbücheln erzählt haben. Heute weiß man es besser!

Manchmal schaut Susi die Mutter an und denkt: Wie war das bei dir? Und dann blickt sie zu dem bekränzten Bild des toten Vaters hinüber: Und wie bei dir?

Wie war das mit dem Leben der anderen? Die Berta hat zwei scharfe Falten um den Mund bekommen: Wahrscheinlich, weil der reiche junge Mann, von dem sie der Köchin Luise so viel vorphantasiert hat, sie nun doch nicht geheiratet hat ... Vielleicht auch, weil sie der Mutter Vorwürfe macht, »daß man ihr damals nicht ermöglicht hat, das Konservatorium weiter zu besuchen ... Als Klavierlehrerin ohne Staatsprüfung kann man natürlich nicht viel Geld verdienen, Mama ...«

Und mit demselben verbissenen Fleiß, mit dem Berta früher ihre endlosen Skalen geübt hat, sitzt sie jetzt beim Schreibtisch und macht ihre Stenographie-Aufgaben bis in die späten Nachtstunden. Das Essen läßt sie kalt werden, sie hört nicht, was man zu ihr spricht, sie malt ihre Hieroglyphen auf liniertes Papier ... »Ich muß doch versuchen, bald mehr Geld zu verdienen, Mama, das wirst du doch hoffentlich einsehen ...«

Und die Mama nickt. Sie sieht es ein. Sie hat ja immer alles eingesehen, was die Kinder von ihr verlangt haben.

Nur Susi verlangt nicht, daß ihre Mutter etwas einsehen soll. Verlangt nicht die Einsicht, daß das dunkle Geschäft und die darin befindlichen Knöpfe des Onkel Eduard nicht der ganze Lebensinhalt eines 14jährigen Mädchens sein können, und denkt selbst kaum daran, daß jeder

Mensch eine winzige Kleinigkeit braucht, auf die er sich freuen darf, um dieses Leben erträglich zu finden. Und wenn sie abends nach dem Essen zögernd die Mutter fragt: »Mutter, was soll ich jetzt tun?« hört sie widerspruchslos täglich dieselbe Antwort: »Hast du denn gar nichts, was du dir auswaschen oder stopfen sollst?«

So sitzt sie mit ihrer Stopfarbeit der Mutter gegenüber, die Berta malt stenographische Zeichen aufs Papier, und keine von den dreien spricht ein Wort.

Um 10 Uhr abends fällt die Tür ins Schloß, der Untermieter, Herr Traxler, ist nach Hause gekommen. Dann sagt die Mutter: »Zeit ist zum Schlafengehen, Kinder. Wir müssen Licht sparen.« Und sie öffnet die Tür ins Vorzimmer und fragt Herrn Traxler höflich, ob er noch etwas braucht.

»Nein, Frau Urban, ich brauche nichts mehr. Gute Nacht, angenehme Ruhe.«

»Gute Nacht.«

Frau Urban legt die Brille weg. »Gute Nacht, Kinder. So ist wieder ein Tag um.«

Viele Tage gehen so vorüber. Ohne Freude, ohne Schmerz. Am Sonntag zieht die Mutter ihr dunkelblaues Kostüm an und geht mit der Susi spazieren.

»Gehen wir ein bisserl nach Schönbrunn«, sagt die Mutter. Im Sommer laufen die Kinder ihren Reifen nach, die Sonne liegt auf den bunten Beeten, im Herbst raschelt das Laub unter den

Füßen. Susi sieht den Kindern nach, die Kastanien sammeln und zwischen den Bänken »Fangen« spielen. Sie betrachtet aufmerksam die jungen Leute, die Arm in Arm durch die Hietzinger Allee schlendern. Das Mädchen hat träumerisch den Kopf an die Schulter des jungen Mannes gelehnt, er umschließt ihre Hand mit seiner Faust und blickt ernst und männlich ins Leben.

»Starr den Leuten nicht so ins Gesicht«, tadelt die Mutter. »Das gehört sich nicht. Sei nicht so neugierig!«

Ja, die Mutter kann leicht sagen: Sei nicht so neugierig!

Aber Susi ist sehr, sehr neugierig.

Im nächsten Sommer findet Susi eine Freundin. Die Holub Mitzi. Susi kennt sie aus der Bürgerschule. Sie ist hinten beim Ofen gesessen, zwischen der langen Baumer Marie und der stotternden Dworschak Anna und ist auch keine gute Schülerin gewesen. Jetzt ist die Mitzi in der Lehre bei einer Schneiderin. »Hat auch kein' Zweck, ich bitt' dich gar schön!« sagt die Mitzi. Die beiden haben sich auf einem Geschäftsweg wieder getroffen. Auf der Plattform des »58er«-Wagens, der nach Hietzing fährt. Mitzi trägt ein großes Paket, sie geht liefern ... »Hat auch kein' Zweck, die ganze Schneiderei«, sagt sie zur Susi. »Was kann man denn erreichen damit? Ich werd doch nie genug Geld haben, daß ich mich selbständig machen könnt' ... Und was kann man verdienen, wenn man für die Konfektion arbeitet? Zum Leben zu wenig und zum Sterben zu viel ...«

Die magere Mitzi ist um einen Kopf größer als Susi, sie trägt das hellblonde Haar kurz geschnitten. Eigentlich ist sie ganz hübsch, muß Susi denken. In der Schule hat sie nie darauf geachtet, wie die Mädchen aussehen ...

»Wie lange bist du schon bei dem Knöpfel-Onkel?« fragt die Mitzi.

»Schon über ein Jahr ...«

»Na, kriegst du einen Gehalt bei ihm?«

»Nicht viel ...«

»Das kann ich mir vorstellen. Das Geschäft haben deine Leut' nimmer?«

»Nein« ... Susi sieht an Mitzi vorbei, zum Wagen hinaus.

»Es ist ja alles ein Blödsinn. Die Knöpfe von dir und meine Schneiderei. Ganz was Neues müßt' man erfinden.«

»Aber was?« fragt Susi hilflos.

Mitzi zuckt die Achseln. »Wenn ich das wüßt' ... Na, und was machst du sonst immer?«

»Nichts«, muß Susi zugeben.

»Gar nix ...? Aber geh, hör' auf! Gehen wir doch einmal ins Kino miteinander ... Oder weißt was? ... Komm einmal Samstag abends in die Perfektion vom Bruneder. Ich führ' dich ein. Ich kenn' alle Leut' dort.«

»Was ist das?« fragt Susi verwirrt.

»Du kennst die Tanzschul' Bruneder in der

Winckelmannstraße nicht? Das ist doch ausgeschlossen!«

»Ach so, die Tanzschul'? Aber ich kann doch nicht in die Perfektion gehen. Was fällt dir denn ein? Ich kann doch die modernen Tänze gar nicht tanzen!«

Der »58er«-Wagen ist bei der Endstation angekommen. Die beiden Mädchen steigen aus.

»Ich begleit' dich«, sagt die Mitzi großzügig ... »Tanzen? Was glaubst du denn? Tanzen kannst du, wenn du einen guten Tänzer hast. Das ist das ganze Geheimnis. Wohin mußt du denn jetzt gehen?«

»In die Veitgassen, den Brief hintragen.«

»Einen Brief abgeben? Warum schickt denn der Depp das nicht mit der Post?«

»Das weiß ich nicht. Mir ist die Hauptsache, daß ich eine Stunde nicht im Geschäft sein muß«, gesteht die Susi ehrlich.

Mitzi hält den Brief in der Hand und studiert die Adresse: »An Wohlgeboren Fräulein Lydia Kreim. Susi, das ist ein Liebesbrief.«

»Ein Liebesbrief? Mitzi, du bist ein Narr. Der Onkel ist doch schon uralt, mindestens 50 Jahre, und verheiratet ist er auch.«

»Seit wann ist das ein Hindernis?« Mitzi hält den Brief gegen das Licht. »Susi, da ist ein Geld drin!«

»Geld ist drin?« triumphiert Susi. »Na, siehst du, daß das kein Liebesbrief ist!«

»Du hast eine Ahnung von Liebe!« Mitzi ergreift Susis Arm.

»Na also, gehen wir das Fräulein Kreim besuchen.«

Das Fräulein Kreim wohnt in einer kleinen Villa in einer stillen Seitengasse. »Nummer 12«, sagt die Mitzi, »hier sind wir. Läut' an!«

»Wo?« fragt Susi verwirrt und betrachtet ängstlich die kleinen Schildchen:

Dr. Leopold Hauser,
Lydia Kreim,
Ferdinand Bayer.

»Na, hier.« Mitzi drückt resolut auf den weißen Knopf neben Lydia Kreim. »Nobel, nobel«, sagt sie dann anerkennend und mustert den kleinen Vorgarten.

»Nur drei Leut' in einem Haus! Möchtest du hier wohnen, Mitzi?«

»Sofort und momentan zieh' ich ein, wenn's auf mich ankommt.«

Die Gartentür öffnet sich mit einem kurzen knarrenden Laut.

»Interessant, da schau' her! Wer hat denn da aufgemacht?«

»Siehst, das ist der Fortschritt der Technik! Geh schon, Suserl, ich wart' auf dich!«

Susi geht durch den kleinen Vorgarten. Hier duften Rosenstöcke, sie atmet tief auf und sieht traumverloren einem Schmetterling nach. Sie geht die Stufen hinauf, ganz flache Stufen, auf denen ein roter Läufer liegt. Das Messinggeländer glänzt. Im zweiten Stock wohnt das Fräulein Lydia Kreim. Ein Stubenmädchen öffnet die Tür. Susi reicht ihr wortlos den Brief.

»Warten Sie auf Antwort?« Susi nickt.

»Bitte, kommen Sie doch näher.«

Das freundliche Stubenmädchen verschwindet mit dem Brief. Wenn sie nur recht lange ausbliebe, wünscht sich Susi, so ein wunderschönes Vorzimmer! Und wie gut es hier riecht.

Aber sie erscheint sehr bald wieder und bringt Susi einen lila Brief mit. »Bitte, Fräulein«, sagt sie.

»Danke«, sagt Susi verlegen. »Adieu!«

Ungern verläßt sie die Wohnung, das hübsche Haus und den kleinen, duftenden Garten.

»Na, wie schaut die Lydia aus?« erkundigt sich Mitzi.

»Ich hab sie gar nicht g'sehen.«

»War sie nicht zu Hause?«

»Das schon, aber sie hat die Antwort rausgeschickt durchs Stubenmädel.«

»Schad, ich hätt' gern g'wußt, wie sie ausschaut. Begleitest du mich jetzt?«

»Nein, ich muß ja ins Geschäft zurück.«

»Jö, du bist aber pflichtbewußt. Na ja, du bist ja noch jung!«

Mitzi geht mit Susi zur Endstation des »58er«-Wagens zurück und wartet getreulich, bis sich die Tramway in Bewegung setzt. »Also, ich hol' dich einmal ab und geh' mit dir in die Bruneder-Tanzschul'!« Und sie erhebt winkend ihre Hand.

»Ja, fein«, ruft Susi, und der »58er«-Wagen fährt in die Stadt zurück. Schade, daß sie sich nicht getraut hat, die Mitzi auf ihrem Weg zu begleiten und durch Hietzing zu spazieren. In Onkel Eduards dunklem Geschäft vergißt man ganz, wie schön der Sommer ist, daß es Rosen gibt und Schmetterlinge.

Susi fühlt ihr Herz schwer werden, wie sie die Tür öffnet. »Daß Sie endlich da sind!« ruft der Kommis. »Sie müssen Adressen schreiben!«

»Hast du Antwort mitgebracht?« fragt der Onkel verdrießlich.

Susi legt das duftende lila Kuvert auf den Ladentisch und geht in den kleinen Verschlag, von dem eine Tafel stolz verkündet, daß es das Comptoir ist. Sie setzt sich zu dem tintenfleckbeschmutzten Schreibtisch und beginnt nach der vorgelegten Liste Adressen und Reklamekarten zu malen. Oh, wie dumpf hier die Luft ist. Wie häßlich ist doch dieses kleine Zimmer. Und wenn man nur ein paar Stationen mit der Straßenbahn fährt, ist man mitten im blühenden Sommer …

Anfang September erscheint die Mitzi wirklich in der Urbanschen Wohnung, an einem Samstag abends und erklärt, sie käme die Susi abholen.

»Küß die Hand, gnä' Frau«, sagt sie. »Sie haben doch hoffentlich nichts dagegen. Ich will die Susi beim Bruneder einführen.« Und damit setzt sich Mitzi resolut auf einen Sessel und macht sich bereit, auf Susi zu warten.

Frau Urban sieht verlegen von Berta zu Susi, von dort zu Mitzi und ist sich nicht im klaren, ob sie was dagegen haben sollte …

»Fräulein Mitzi«, sagt Berta würdevoll, »Sie werden doch verstehen, daß Mama nicht ohneweiters einwilligen kann, daß Susi eine Gesellschaft aufsucht, die uns gänzlich unbekannt ist.«

»Mutter, bitte ...«, ruft Susi. »Mutter ...«

»Aber Frau Urban, Sie werden doch nicht so hartherzig sein?«, die Mitzi bleibt ganz gemütlich. »Der Susi geschieht nix beim Bruneder. Dort sind lauter anständige Leut'.«

Die Mutter sieht die Berta nicht an. »Wenn sich die Susi das wirklich so wünscht ... Ja, hast du denn überhaupt was zum Anziehen, Susi?«

»Aber, sie wird doch ein helles Kleidl haben«, ruft Mitzi eifrig, »oder eine weiße Blusen. Da schaun S' her, wie ich angezogen bin! Ganz einfach!« Und Mitzi reißt mit Temperament ihren grauen Herbstmantel auf und zeigt »das helle Kleidl«.

»Jö, ist das Kleid aber kurz!« ruft Berta. »Fräulein Mitzi, ohne Übertreibung, beim Sitzen sieht man die ganzen Knie!«

»Nicht ich bin zu kurz angezogen«, wird sie von Mitzi belehrt, »sondern die Susi zu lang! Und den blöden Knödel, den sie hinten aufgesteckt hat ... Wie kann man denn ein junges Mädel so altvaterisch herrichten?«

Die Mutter ist mit Susi verschwunden und kramt im Kasten, um Susis Toilette zu vervollständigen.

»Komm' 'rein, Mitzi, und schau' her, wie ich dir g'fall!«

»Großartig«, sagt Mitzi, bevor sie noch das Zimmer betritt, »aber komm schon!«

Frau Urban kramt nervös zwischen den Wäschestücken. Sollt' man nicht vielleicht eine Blume vorn ... Was meinen Sie, Fräulein Mitzi?«

»Oh, nicht nötig! Komm schon, Susi!«

»Aber der Schal hier wird gut sein!« triumphiert Frau Urban. Und sie breitet einen weißen, blumengestickten Schal mit langen Franzen aus. »Wirst du mir drauf achtgeben, Susi?«

»Aber Mutter, der schöne Schal!«

Es ist nicht nötig! will Mitzi rufen, aber Frau Urban hat den Schal bereits sorgfältig um Susi drapiert. Hast du keine anderen Schuh'? will Mitzi fragen, aber dann denkt sie, wenn sie andere hätt', hätt' sie sie schon angezogen.

Der Berta ist jetzt im Zimmer erschienen, sie hält feierlich eine Schachtel in der Hand.

»Susi, wenn du mir dein Ehrenwort gibst, darauf zu achten, borg' ich dir meine schwarzen Lackschuh'!« Und Berta holt aus der Schachtel die schwarzem Lackschuhe und hält sie baumelnd Susi entgegen.

»Aber Berta, das ist doch nicht nötig!« ruft Susi überwältigt.

»Na, ist die Berta nicht brav? Bedank dich schön!«

»Probier sie schon endlich!« Mitzi ergreift die schwarzen Lackschuhe. »Danke schön, Fräulein Berta ... Tun sie weh, Susi?«

»Nein«, sagt Susi heldenhaft. Und sie denkt,

daß ein Blick auf diese Schuhe alle Schmerzen wieder gutmacht.

»Gib mir dein Ehrenwort, daß du die Schuhe unversehrt nach Hause bringst«, fordert Berta. »Ich hab sie erst zweimal ang'habt.«

»Willst du sie nicht vielleicht doch lieber da lassen?« fragt die Mutter unsicher.

Susis rechter Fuß schlüpft wieder aus dem Ladypumps. Es ist eigentlich ganz schön, wenn man die Zehen ordentlich ausstrecken kann. »Wirklich Berta, ich brauch' die schönen Schuhe gar nicht.«

»Aber, was soll denn d'ran geschehen?« ruft Mitzi verzweifelt. »Zieh' sie doch an. Du wirst schon aufpassen. Deine Schwester borgt sie dir ja gern! Komm schon endlich, Suserl!«

Und so geht Susi, geschmückt mit dem Fransentuch, in den brennenden Lackschuhen der älteren Schwester, klopfenden Herzens, zum ersten Male in die Tanzschule Bruneder. Sie geht ohne Garde, ohne Mutter oder Tante, nur von der Freundin Mitzi geleitet. Sie geht ja nicht, um Quadrille oder Walzer zu lernen, auch nicht, um zu erfahren, wie ein wohlerzogenes Fräulein sich nach ihrem Taschentuch bückt oder konversationserfahren ihren Tänzer anlächelt, nein, sie geht in die »Perfektion zum Bruneder«, um nach langen Arbeitswochen endlich zu versuchen: jung zu sein! Tanzen wird sie schon können, die kleine Wienerin Suserl Urban, wenn sie nur einen Tänzer findet, der sich vor ihr verneigt:

Darf ich bitten, Fräulein! Der sie energisch um die Hüfte nimmt und mit langen Schritten mit ihr durch den Saal rennt.

Die Mitzi ist wirklich gut bekannt beim Bruneder. Sie wird mit großem Hallo begrüßt, und sie antwortet auf das wiederholte: »Servus, Mitzerl!« mit »Servus, Franzl! Servus, Tonerl! Jö, bist du aber heut elegant ... ein neuer Anzug?« Und sie zerrt die verschüchterte Susi in den Vordergrund: »Habe mir heute erlaubt, eine Freundin mitzubringen. Gestatten, daß ich bekannt mache: Fräulein Susi Urban.«

»Hutterer Toni mein Name! Sehr angenehm, Fräulein!« antwortet der Herr im neuen Anzug und verbeugt sich tief vor Fräulein Susi Urban.

Wenn ich nur nicht hinfall', denkt Susi. Das Parkett ist so gewichst. Ich hätt' doch die alten Schuhe anbehalten sollen! Die Mitzi ist aber geschickt! Wie die ihre mageren Beine verdrehen kann! »Fräulein, Fräulein kannst du Shimmy tanzen? Shimmy ist der Clou vom Ganzen, Shimmy ist die allerletzte Sen-sation ...!« singen die vorbeitanzenden Paare mit der Musik.

»Können Sie Shimmy tanzen?« fragt der Hutterer Toni.

»Shimmy bestimmt nicht!« antwortet Susi voll Entschiedenheit.

»Dann werd ich mir erlauben beim nächsten Tanz«, sagt der Hutterer Toni und segelt davon.

Susi setzt sich aufatmend nieder und schaut

den Tanzenden zu. Das erlern' ich nie! Shimmy ... ausgeschlossen!

Der nächste Tanz ist ein Two-Step. »Das schon eher!« sagt die Susi zu dem jungen Mann, der sich vor ihr verbeugt. »Aber Sie müssen mich gut führen!«

»Nur keine Angst! In meinen Armen g'schieht Ihnen nix, da sind Sie so gut aufgehoben wie in Abrahams Wurstkessel!« Und der Jüngling preßt Susi fest an sich und schwingt sich mit ihr davon. »Sie sind heut zum ersten Mal hier?«

»Ja, die Holub Mitzi hat mich mitgenommen.«

»Ja so, die Mitzi! Übrigens gestatten: Karl Wachtl, Handelsangestellter, ist mein Name.«

»Sehr erfreut, Herr Wachtl! Susi Urban heiß' ich.«

»Beim Tanzen, Fräulein Susi, kommt es nur drauf an, daß man in die richtigen Hände kommt! Ein verläßlicher Partner und Mut, Fräulein! Mut!« Und Herr Wachtl probiert einen neuen Schritt.

Der große Kronleuchter an der Decke mit den vielen Lampen spendet strahlend helles Licht. Wie die Kleider der Mädchen leuchten, wie herrlich schön die Musik spielt, und wie freundlich der Herr Wachtl mit ihr spricht!

Die Mitzi tanzt vorbei. Elegant und sicher kann sie aber schon tanzen, die Mitzi! Wie die und ihr Tänzer die Arme schwenken!

»How do you do!« ruft Mitzi großartig.

»Oh, ausgezeichnet!« ruft Herr Wachtl.

»Thank you, der gütigen Nachfrag'! Das Fräulein Susi und ich verstehen uns ausgezeichnet!«

Es ist schön beim Bruneder. Das Tanzen ist schön. Der Toni Hutterer sagt: »Beim Tanzen vergißt man alle Sorgen.« Daß Susi jetzt so viele Bekannte hat, ist schön, und daß man während der Woche etwas hat, worauf man sich freuen kann, ist vielleicht das Schönste!

Der Klavierspieler beim Bruneder hat ein blasses Gesicht und schwarze Haare. Auch die Mitzi sagt, daß er ein interessanter Mensch ist. Sooft Susi an ihm vorbeitanzt, sieht er sie an. Von diesem Blick bekommt die Susi Herzklopfen und muß rasch wegschauen. Einmal nimmt sie ihren ganzen Mut zusammen und sieht dem schwarzen Klavierspieler direkt in die Augen. Dann lächeln sie beide. An dieses Lächeln muß Susi die ganze Woche denken. In den Tanzpausen steht Susi in der Nähe des Klaviers und plaudert mit den Herren Toni, Karl, Viktor, und wie sie alle heißen, und mit deren Damen Mitzi, Annerl, Gusti und Steffi. Sie lehnt sich malerisch an den Flügel und hat Herzklopfen bei dem Gedanken, daß er sie ansieht. Sie selbst sieht immer in eine andere Richtung. Manchmal steht er auf und geht an ihr vorbei. Einmal sagt er laut und deutlich zu seinem Kollegen: »Ich geh' in den Hof, eine Zigarette rauchen!« Und im Vorbeigehen streift er ein ganz klein wenig Susis Arm. Susi wird blutrot und sagt verwirrt: »Warm ist es hier!« Sie kämpft zehn Minuten lang mit dem Entschluß, in den Hof hinauszugehen. Susi hat keinen Mut. Sie bleibt natürlich im Saal. Außerdem hat Herr Wachtl dafür gesorgt, daß endlich ventiliert wird. »Man schwitzt ja wie ein Schwein!« sagt er. »Wie kommen die Damen denn dazu?«

Des Nachts vor dem Einschlafen malt Susi sich aus, sie wäre doch in den Hof gegangen und hätte ein langes, interessantes Gespräch mit dem blassen Herrn Klavierspieler geführt.

Der nächste Tag ist ein Sonntag. Nachmittags kommt die Mitzi. »Wir gehen ins Kino!« sagt sie.

»Ich hab' kein Geld!«

»Ich weiß ein billiges Kino.«

Es ist feuchtwarmes Novemberwetter. Die Susi hat ein Gefühl bei der Herzgegend, wie sie es noch nie gehabt hat. Sie glaubt weinen zu müssen, aber dabei fühlt sie ganz deutlich, daß sie glücklich ist. Wenn sie sich selbst befragt, warum sie weinen möchte und weshalb sie glücklich ist, kann sie nichts darauf antworten.

Im Kino müssen sie lange warten. In einem kleinen, stickigen Vorraum stehen viele Leute eng aneinandergepreßt und warten auf den Beginn der Vorstellung.

»Du, daß uns niemand gefragt hat, ob wir schon 16 sind!«

»Na hörst, Susi, wir sind ja eh schon bald 16! Wegen der paar Tag'«, entrüstet sich Mitzi.

Sie betrachteten aufmerksam die Bilder an den

Wänden. »Den lieb' ich«, sagt die Mitzi. Sie deutet auf einen schönen Mann, der einen Turban trägt. »Gunnar Tolnæs, kennst du den?«

»Nein, warum hat er einen Turban?«

»Weil er ein Maharadscha ist«, sagt die Mitzi träumerisch. Und sie deutet auf ein anderes Bild: »Das ist eine pikante Frau: Mia May!«

»Ist das ihre Schrift? Hat sie das selbst unterschrieben?«

»Na, selbstverständlich! Hast du sie schon spielen gesehen?«

»Ich glaub' nicht.«

»Du hast ›Die Herrin der Welt‹ nicht gesehen?«

»Nein.«

»Du lebst auf dem Mond!« entscheidet die Mitzi. Und nach einer Weile sagt sie: »Ich könnt' mich auch Mia nennen, wenn ich wollt'!«

»Wieso könntest du dich Mia nennen? Was heißt das?«

»Na, Maria kann man genauso gut Mia abkürzen wie Mitzi. Was verstehst du da nicht? Du glaubst die Mia May hat früher nicht Mitzi geheißen?«

»Und wie könnt' man Susanne abkürzen? Außer Susi?«

»Das weiß ich nicht«, muß Mitzi zugeben.

Jetzt werden endlich die Saaltüren geöffnet: »Einlaß bitteee!«

Es ist keine Zeit mehr, Gespräche zu führen, man muß drängen, stoßen, puffen: »So stoßen Sie doch nicht«, rufen, um sich einen guten Sitz auf dem dritten Platz zu erobern. Endlich sitzen sie erhitzt und strahlend, zwei Reihen vor der Leinwand. Mitzi zieht ein kleines Päckchen hervor: »Bedien dich«, sagt sie nobel.

»Jö, gebrannte Mandeln, danke schön.«

Dann beginnt die Vorstellung. Zuerst kommt eine Naturaufnahme.

»Das könnten sie sich schenken«, sagt die Mitzi laut.

»Pst, Ruhe!« rufen erbitterte Stimmen. Dann folgt ein lustiger Film mit dem beliebten Komiker Fatty. Dann ist eine Pause von drei Minuten. Der Mann geht mit der Perolinspritze herum und spendet »Waldluft«. Das Fräulein mit dem Tablett geht spazieren und ruft laut: »Schokolade, saure Drops, Erfrischungen angenehm! ...«

Endlich wird es wieder dunkel. Man rückt sich erwartungsvoll zurecht. »Jetzt kommt das Drama«, sagt die Mitzi. Das Drama hat fünf Akte. Es spielt ein interessanter Mann, der entweder einen Pyjama oder einen Smoking trägt, und drei wunderschöne Frauen, die nur Abendkleider besitzen. Am Schluß sind alle drei Frauen tot. Ein paar Leute weinen.

Die Musik spielt einen flotten Marsch, man muß sich die Mäntel anziehen und nach Hause gehen. Auf der Leinwand erscheint eine bunte Schrift: »Auf Wiedersehen beim nächsten Programm. Jeden Dienstag und Freitag Programmwechsel.«

»Schön war's«, sagt die Mitzi und putzt sich die Nase.

Es regnet. Sie gehen schweigend an den Häusern gedrückt nach Hause.

»Morgen ist Montag«, seufzt die Mitzi.

»Weißt du, wem der ähnlich g'schaut hat?«

»Der im Kino! Unserem Klavierspieler beim Bruneder schaut er ähnlich. Find'st du nicht?«

»Meiner Seel' und Gott, du hast recht«, die Mitzi muß stehen bleiben, so erschüttert ist sie von dieser Entdeckung. »Du, das müssen wir in der Tanzschul' erzählen, daß der Doppelgänger vom Conrad Veidt bei uns Klavierspieler ist!«

»Conrad Veidt?«

»Na, so heißt der Kinoschauspieler!«

»Ah so.« Wie heißt eigentlich der Klavierspieler, will Susi fragen. Aber sie wagt es nicht. Der Name Conrad Veidt gefällt ihr. Und sie beschließt, den Klavierspieler von nun an »Conrad« zu nennen ...

Susi liebt »Conrad« den ganzen Winter. Sie kauft Postkarten, die den Schauspieler in allen möglichen eleganten, dämonischen und verführerischen Posen zeigen und bewahrt diese Photos in ihrem Kasten. Sie betrachtet die Bilder liebevoll und nachdenklich, wenn sie ganz allein ist. Dann unterhält sie sich mit »Conrad« sehr gut.

Im Frühjahr wird Susi krank. Sie hat Gliederschmerzen und Fieber. Sie will nicht essen, ist weinerlich und reizbar. Der Arzt sagt, es ist eine Grippe. »Das Wetter«, sagt er. »Liegen bleiben, Ruhe, Tee trinken, zwei Aspirin. Sie wird davonkommen, liebe Frau Urban ...«, sagt der alte Doktor Gruber. »Sie wird davonkommen.«

Er steht beim Waschtisch und schüttet Wasser über seine Hände. Die Mutter bringt eilig, zitternd und aufgeregt ein frisches Handtuch. »Bitte, Herr Doktor, es ist doch nichts Gefährliches? Und was darf sie essen, Herr Doktor?«

Die Mutter begleitet den Doktor ins Vorzimmer.

»Morgen schau' ich wieder vorbei, Frau Urban.«

Die Susi freut sich, daß sie im Bett bleiben darf. Sie hat nicht geahnt, daß man so müde sein kann. Zu Mittag bringt ihr die Mutter ein Naturschnitzerl mit Apfelkompott. Es ist ein lang entbehrtes Festessen, und Susi kränkt sich, daß es nicht schmeckt. Sie sitzt fiebernd, mit roten Wangen im Bett und kaut unlustig das zarte Kalbfleisch. Theoretisch weiß sie, daß es gut ist.

»Was nur mit dir los ist?« fragt die Mutter. »Du warst doch nie krank?«

Die Berta kommt vom Büro nach Hause und legt wichtigtuerisch die Hand auf Susis Stirn. »Natürlich Fieber«, sagt sie.

»38,6«, berichtet die Mutter.

Berta zuckt überlegen die Achseln. Wenn ihre Hand Fieber konstatiert hat, ist das maßgebender als alle Thermometer der Welt! Sie setzt sich zu Tisch und löffelt ihre Paradeissuppe. »Selbstverständlich kommt das nur von der blöden Tanzerei, Mama!«

»Du meinst?« fragt die Mutter verwirrt. Erschrocken blickt sie zu Susi hinüber.

»Mama, das ist so klar wie Wasser! Der Organismus eines 16jährigen Mädchens verträgt derartige Emotionen nicht ungestraft!«

Frau Urban schüttelt verstört den Kopf.

»Du hast ja auch getanzt in meinem Alter«, ruft Susi wütend. »Du warst in Abendkleidern auf Redouten, und da waren es keine Emotionen.«

Susi freut sich, daß sie das Fremdwort so glatt nachsprechen kann. Berta sieht Frau Urban bedeutsam an. »Deine Erziehung, Mama!«

»Ich will jetzt schlafen«, sagt Susi und dreht sich zur Wand.

»Ja, ja, sei still und schlaf«, ruft Frau Urban hastig. »In deinem Alter hat man solche Ausdrücke noch gar nicht zu verstehen ...«

Susi möchte jetzt wirklich gerne wissen, was es bedeutet: Emotionen ... Aber sie stellt sich schlafend und spricht kein Wort mehr. Die Berta geht betont rücksichtsvoll auf Zehenspitzen aus dem Zimmer. Susi hört die Berta und Mutter noch flüstern, sie hört, wie Mutter in der Küche Geschirr wäscht, aber dann schläft sie wirklich ein. Sie erwacht müde, verschwitzt und traurig.

Es ist halbdunkel im Zimmer. Die Mutter sitzt am Fenster und strickt.

»Für wen ist der Jumper, Mutter?«

»Du bist schon wach? Wie geht's dir? Willst du vielleicht einen Tee mit Zitrone?

»Bitt' schön, Mutter.«

Sie trinkt ihren Tee mit Zitrone. Der Jumper ist für die Schnezer Louisl vom 29er-Haus. Die Frau Pechacek hat das Geschäft vermittelt.

»Das Jumperstricken ist auch nichts«, sagt Susi seufzend. »Ganz was Neues müßt' man erfinden.«

»Was du zusammenredest, Susi! Meiner Seel', du bist ein dummes Mädel.«

Die Susi ist 14 Tage krank. Sie schläft, trinkt Tee mit Zitrone, ißt Apfelkompott, ärgert sich über ihr Kranksein und fürchtet sich vor dem Gesundwerden. Die Frau Pechacek aus dem ersten Stock kommt auf »ein Sprüngerl«. Sie hat einen Topf Rindsuppe mitgebracht. »Eine starke Rindsuppe« sagt sie, »die kann Tote erwecken.« Und nach ihrer Erfahrung gäbe es überhaupt nur eines: Kraftsuppen! Medizinen gehören samt und sonders in den Ofen. Und dem armen Teufel, dem keine Rindsuppe mehr hilft, dem ist nicht mehr zu helfen. »Sehn S', akkurat so war es bei meinem Mann. Mali, hat er gesagt, Mali, mir schmeckt heut das Essen nicht. Eine Suppe kann man immer essen, hab ich gesagt. Die Krankheit gibt es nicht, bei der man keine Suppe nicht essen darf. Aber er hat gesagt: Nimm den Teller weg, mir ist heut nicht gut, Mali ... Na, und acht Tag' später war er tot! ... Bei jungen Leuten muß man aber achtgeben, Frau Urban, sehr achtgeben! Haben Sie die Schuhmacher Elsbeth gekannt? Ihre Eltern haben einen Stand am Schwendermarkt?«

Frau Urban hat sie nicht gekannt.

»So ein schönes, junges Mädel! 16 Jahre war sie alt, genau wie Ihre Suserl. Groß, fesch, stark. Ein Bild! Und einmal hat sie sich einen Schnupfen geholt, einen gewöhnlichen, ordinären Schnupfen. Dann hat sich die Galoppierende dazugeschlagen, und über Nacht war sie weg. Weg war sie!«

Frau Pechacek fährt mit der Hand energisch durch die Luft, um einen endgültigen Schlußstrich hinter das Leben der armen, frühverstorbenen Elsbeth Schuhmacher zu ziehen!

Auch die Holub Mitzi kommt zu Besuch. Müde und blaß hockt sie auf ihrem Sessel. »Sei froh, daß du im Bett liegen kannst. Ein Frühling ist das. Regen, Regen, nichts als Regen! Und die Alte schickt mich bei dem Wetter herum, daß a Freud' ist!« Die arme Mitzi gähnt laut und anhaltend.

Dann wird die Susi wieder gesund. Das Fieber schwindet, die Gliederschmerzen hören auf, aber die Müdigkeit nimmt kein Ende, und der Hunger will nicht kommen.

»Mutter, mir gehen die Haare aus, ein Skandal!« Und sie hält der Mutter den Kamm hin.

»Da gibt's nur eins«, erklärt die Holub Mitzi, »abschneiden! Dann erholt sich das Haar wieder!«

Die Frau Pechacek gibt der Mitzi vollkommen recht. Und sie erzählt einige Beispiele: Eine Nichte von ihr hat Haare wie ein Wald bekommen, bloß weil sie es sich hat rechtzeitig schneiden lassen, hingegen hat eine andere Dame eine Glatze gekriegt, weil sie dieses Rezept nicht befolgt hat!

»'Runter mit dem altvaterischen Knoten!« ruft die Mitzi. »Wart, ich führ' dich zu meinem Friseur!«

Die Susi kommt am Abend wirklich mit kurzen Haaren nach Hause. Bubikopf heißt das jetzt.

»Es sieht eigentlich ganz herzig aus«, sagt die Mutter verlegen und streicht hastig über Susis blonden Kopf.

»Herzig sieht es schon aus«, antwortet die Berta. Sie erhebt ihren Blick nicht vom Teller. »Herzig vielleicht! Fein bestimmt nicht!«

Wieder gesund sein bedeutet also, daß Susi wieder ins Geschäft gehen muß. Viele Stunden des Tages in der dumpfen, unfreundlichen Luft mit dem mürrischen Onkel zusammen sein und mit dem arroganten Kommis. Jeden Abend, wenn Susi todmüde ist, weiß sie wohl, daß sie sich den ganzen Tag geplagt hat, aber sie kann nicht sagen, was sie geleistet hat.

»Sie erholt sich nicht!« sagt die Mutter und schaut die Susi besorgt an, die blaß und müde ist und tiefe Schatten unter den Augen hat.

»Wenn die schöne Jahreszeit kommt, wird sie sich schon erholen«, tröstet Frau Pechacek.

Die schöne Jahreszeit! Susi denkt daran, daß

man früher aufs Land gefahren ist im Sommer. Aber das war »im Frieden, da hat der Vater noch gelebt«. Susi empfindet heiße Sehnsucht nach dem Duft der Wiesen, nach dem Anblick eines kleinen Baches, in dem die Kinder ihre Papierschiffchen schwimmen lassen. Sie könnte weinen vor hoffnungsloser Sehnsucht. Sie sieht mit geschlossenen Augen die blauen Kornblumen vor sich, den roten Mohn. Sie hört die Bienen summen und das Zwitschern eines kleinen Vogels.

»Susi, woran denkst du?« ruft die scharfe Stimme des Onkels. »Jetzt beobachte ich dich seit fünf Minuten. Daß du dich nicht schämst!«

Verwirrt und verlegen beugt Susi sich über ihre Arbeit und näht in vorgeschriebener Ordnung Knöpfe auf die Karten. Immer sechs Knöpfe auf eine Karte.

Nach Geschäftsschluß geht sie langsam nach Hause. Die Luft ist mild und warm in der lauten, geschäftigen Mariahilfer Straße. Die kleine, müde Susi geht an den vielen fremden Menschen vorbei, von denen sie keiner kennt. Da gehen viele schöne Frauen, jung und elegant. Und alle lächeln sie heute, als verspräche ihnen dieser Frühlingsabend etwas. Susi glaubt einen Moment lang, daß auch für sie in der Luft ein Versprechen läge. Sie spürt ein unbestimmtes Glücksgefühl, aber das Herz tut ihr weh, und sie ist gleichzeitig traurig zum Weinen.

»Schon nach Hause? So allein, kleines Fräulein?« sagt ein junger Mann und versucht an ihrer Seite zu bleiben. Susi geht rasch weiter. Ich werde vielleicht doch lieber fahren, denkt sie, es ist noch so weit, und ich bin schon so müde ... Sie überquert die Straße, um zur Haltestelle zu gelangen.

»Oh, küß die Hand«, sagt eine Stimme. Susi sieht nicht auf.

»Fräulein Urban, kennen Sie mich nicht mehr?«

Es ist der Klavierspieler aus der Tanzschule Bruneder. Ein Auto tutet wie verrückt. »Himmelherrgott noch einmal, mitten auf der Straße bleibt man doch nicht stehen!« schimpft eine grobe Stimme. Susi läßt sich wortlos über die Straße führen.

»Warum kommen Sie denn gar nimmer tanzen?«

»Ich war krank.«

»Stör' ich vielleicht? Belästig' ich Sie?«

»Nein, oh nein ...«

Susi vergißt, daß sie in die Straßenbahn einsteigen wollte.

»Warum sind Sie denn so still?«

»Oh ...«, sie wagt es endlich aufzusehen. Ihr Herz klopft noch immer rasch. Sehr rasch.

»Sie schaun aber wirklich schlecht aus!«

»Ja, ich war krank.«

Er beugt sich zu ihr und flüstert ihr ins Ohr: »Ich hab Sie sehr vermißt.«

»Wirklich?« fragt Susi verlegen.

»Wie alt sind Sie denn, Fräulein Susi?«

»17 ...«

Der Mann an ihrer Seite bleibt stehen und sagt förmlich: »Übrigens gestatten: Karl Weinbauer mein Name!«

»Sehr erfreut«, flüstert Susi verwirrt.

Und dann gehen sie schweigend eine ganze Weile. Er hält noch immer ihren Arm, aber da er so groß ist und sie so klein, ist es sehr unbequem. Susi spürt ein unbehagliches Prickeln in dem hinaufgezerrten Arm.

Herr Weinbauer räuspert sich. »Na, erzählen S' mir doch was, Fräulein«, sagt er flott.

»Ja, was denn?« fragt Susi hilflos.

»Na, von ihren Erlebnissen ...«

»Erlebnisse ...?«

»Na, wenn man 17 ist, erlebt man doch jeden Tag eine ganze Menge!«

»Aber wieso denn?«

Karl Weinbauer muß sich ziemlich tief hinunterbeugen, um Susi ins Gesicht zu sehen. »Na«, fragt er und kneift ein Auge zusammen. »Was denn?« fragt Susi unbehaglich. Sicher erwartet er jetzt eine sehr schicke, mondäne Antwort. Ja, der Mitzi würde an ihrer Stelle schon was Schlagfertiges einfallen ... Susi wird rot vor Ärger und Nervosität. Sie wendet das Gesicht ab. »Was denn?« wiederholt sie ungeschickt.

Er richtet sich jetzt wieder auf. »Sie verstehen mich schon, aber Sie wollen mich nicht verstehen. ... Es ist doch so?« Und er preßt wieder ihren Arm.

Bis nach Hause will Susi nicht begleitet werden. Sie hat Angst, die Mutter oder die Berta zu treffen. Und wenn man sie so Arm in Arm mit einem fremden Mann sieht ... Na, mehr fehlt ihr nicht ...

Herr Weinbauer zeigt Verständnis für ihre Bedenken. Er verabschiedet sich Ecke Winckelmannstraße. »Aber am Mittwoch pünktlich, Fräulein Susi! Sie werden mich doch nicht aufsitzen lassen?«

Susi hat also ein Rendezvous! Mit dem Klavierspieler »Conrad«, der eigentlich Weinbauer heißt, am nächsten Mittwoch. »Nach dem Geschäft! Ecke Mariahilfer Straße und Neubaugasse.«

Aus den Romanen, die Susi bisher gelesen hat, und aus den Erzählungen der Mitzi weiß Susi, daß das erste Rendezvous (»überhaupt die erste Bekanntschaft«) im Leben eine wichtige Sache ist. An den Tagen Montag und Dienstag hat Susis Chef viel Grund und Anlaß, über Unaufmerksamkeit und Zerstreutheit zu klagen. Aber Susi beachtet es diesmal kaum. Viel wichtiger erscheint ihr die Lösung der Frage, wie man am Mittwoch Abend bis 10 Uhr ausblieben darf. Sie zieht die Mitzi ins Vertrauen.

»Aber geh, mit wem triffst du dich denn? Geh, sag mir's. Wenn du mir's sagst, helf' ich dir. Mir fällt bestimmt was ein!«

Die Mitzi hat von Susis Liebe zum Klavierspieler »Conrad«-Karl Weinbauer bisher keine Ahnung gehabt. Jetzt soll Susi also darüber sprechen. Es ist ein schwerer Entschluß für sie. Sie wird rot und schämt sich sehr, aber sie hält tapfer Mitzis neugierigen Blicken stand und sagt, »wer es ist«.

»Der? Aber ich bitt' dich, der hat doch eine Glatzen!«

»Wieso denn? Er hat wunderschöne, schwarze Haare. Du hast selbst zugegeben, daß er dem Conrad Veidt ähnlich schaut.«

»Ja, bis auf die Glatzen! Aber mir kann's recht sein. Wenn er dir nur g'fällt!«

Die Mitzi kommt noch am selben Abend mit einer Einladung für Mittwoch Abend. Sie hat Geburtstag, behauptet sie frech, und ausnahmsweise will sie diesen Tag feiern. Im allgemeinen ist sie ja nicht begeistert darüber, daß sie auf der Welt ist, aber diesmal will sie es halt begießen. ... Es kommen noch ein paar Leut', und die Susi darf doch auch, nicht wahr, Frau Urban?«

»Die Susi soll abends überhaupt nicht ausgehen«, antwortet die Berta, »erstens ihrer schwankenden Gesundheit wegen, zweitens schickt es sich für ein anständiges Bürgermädchen überhaupt nicht ...«

Mitzi, die nur im Vorbeigehen ist, steht noch immer an der Tür und schlenkert mit ihren dünnen Beinen. »Fräulein Berta«, sagt sie wild, »anständige Mädeln wollen auch leben, und vom Arbeiten allein kann man seines Lebens nicht froh werden ...«

»Bitt' schön«, ruft Frau Urban hastig, »natürlich soll die Susi zu Ihrer Geburtstagsfeier kommen. Aber bloß nicht zu spät soll sie nach Haus kommen ...«

»Ah woher, Frau Urban! Schlimmstenfalls bringt sie die Semmeln zum Frühstück mit. Später kommt sie bestimmt nicht!«

»Fräulein Holub«, die Berta hat rote Wangen bekommen. »Fräulein Holub, ich muß doch darauf hinweisen, daß ich keinesfalls dulde, daß meine Schwester nach 10 Uhr nach Hause kommt ...«

»Schad, Fräulein Berta! Grad das kann ich Ihnen nämlich nicht versprechen. Wenn es nämlich um 10 erst gemütlich wird, dann kommt die Susi g'wiß erst um 11. Um 10 stoßen wir wahrscheinlich erst zum zweiten Mal mit dem Himbeersaft an: Die Holub Mitzi soll leben ...!«

»Das kann gut werden«, prophezeit die Mitzi, »wenn man bei jedem Rendezvous ein Theater aufführen muß! Deine teure Schwester Berta hat ein schlechtes Gedächtnis! Im Fünfzehnerjahr, wie *sie* 17 war, ist sie keinen Abend um 10 schon zu Haus gewesen. Meiner Seel' und Gott, ich erinner' sie einmal dran! So ein scheinheiliger Trampel!«

Aber die Susi hört gar nicht richtig zu. Sie kann sich das Leben, das nach diesem Mittwoch beginnen soll, gar nicht ausmalen. Sie kann nur daran denken, wie es sein wird, wenn »Conrad«-Karl Weinbauer ihr Mittwoch abends Ecke Mariahilfer Straße und Neubaugasse grüßend entgegentritt. Sie sieht, wie er seinen breitrandigen Hut schwenkt, wie er lächelt und ihre Hand drückt. Mehr kann sie nicht sehen. Alles Übrige versinkt in einem roten Nebel, der ihr Herz rasch, rasch schlagen läßt. Wie es dann sein soll, dieses Rendezvous, das weiß die Susi nicht, aber wie der Donnerstag werden soll, der auf diesen Mittwoch folgt, darüber kann sie sich auf keinen Fall den Kopf zerbrechen!

Die letzte Viertelstunde vor der Verabredung dauert länger als die drei Tage davor. Die Mitzi hat ihr Puder geborgt und ihr gezeigt, wie man sich damit das Gesicht verschönt. Sie hat ihr auch ein »Apachentüchl« geschenkt, damit die Susi ein bissel fescher ausschaut, denn der Mantel, den die Berta bereits drei Sommer und einen Winter getragen hat und aus dem jetzt das Musselin wieder entfernt und auf diese einfache Art Susis »neuer Frühjahrsmantel« wurde, ist wirklich weder schön noch modern. In einem Haustor versucht sich Susi also mit Hilfe von Puder zu verschönern. Sie übt sich verzweifelt in dieser ungewohnten Kunst und prüft die Wirkung in dem kleinen Taschenspiegel. Sie gefällt sich nicht. Sie zupft das grellfarbige Apachentüchl zurecht, sie übt ein verführerisches Lächeln, aber schließlich steckt sie den kleinen Spiegel wieder seufzend ein. Also entweder ich gefall' ihm, oder ich gefall' ihm nicht, versucht sie sich zu beruhigen und geht möglichst unbefangen (hoffentlich sieht mich der Onkel nicht) die Mariahilfer Straße hinauf.

Herr Weinbauer ist noch nicht hier? War er hier und ist wieder weggegangen? Susi bleibt unschlüssig stehen. Oder hat er sich verspätet? Vielleicht hat er es vergessen und kommt gar nicht.

Aller Glanz, der die letzten Tage verschönte, erlischt bei diesem Gedanken: Er hat nicht auf mich gewartet, er kommt gar nicht ... Das Leben ohne Rendezvous mit Herrn Weinbauer ist so trostlos und grau, daß Susi gar nicht versteht, wie sie es bisher ausgehalten hat.

Susi erinnert sich, wie sehr ihr ihr Spiegelbild mißfallen hat, sie denkt an den häßlichen Mantel in unbestimmter graugrüner Farbe, der formlos um ihre Gestalt schlottert, und sie denkt betrübt und erbittert: Aber er hat sich ja nur eine Hetz mit mir gemacht – der find't ja ganz andere ...

Sie sieht die jungen Mädchen an, die so hübsch und reizend aussehen an diesem milden Frühlingsabend, und sie erinnert sich an das schöne, kleine Haus in Hietzing, an den blumenduftenden Vorgarten, die hellen Treppen, die weißen Türen. Sie denkt an die Wohnung der Lydia Kreim. Und sie betrachtet aufmerksam eine schöne, elegante, duftende Frau, die an ihr vorübergeht. So sieht die Lydia Kreim aus! Und solche Frauen läßt man nicht warten ...

Aber Susi wartet gar nicht mehr auf Herrn Weinbauer. Sie steht bloß noch immer Ecke Mariahilfer Straße und Neubaugasse und ist traurig. Sie steht müde an eine Laterne gelehnt und gibt sich ihren traurigen Gedanken hin, ohne von den erbosten Worten des Chefs gestört zu werden. Sie ist am Abend auf dieser Großstadtstraße, im Wirbel der Menschen, im Getute der Autos, der klingenden Straßenbahn endlich einmal allein und darf ungestört traurig sein.

»Warten Sie schon lange?« fragt Herr Weinbauer. Er steht überraschenderweise vor ihr. Weiß Gott, aus welcher Richtung er gekommen ist, er ist plötzlich da, platzt in irgendeinen Gedankengang hinein und stört entsetzlich.

»Wohin fahr'n ma?« fragt Herr Weinbauer gemütlich und nimmt wieder Susis Arm. »Sie müssen schon entschuldigen«, sagt er im Weitergehen, »aber ich bin zu Haus aufgehalten worden ...«

»Ah so!« Susi wundert sich flüchtig. Zu Haus aufgehalten? Also wohnt er bei den Eltern? Sie hat sich immer eingebildet, er wohnt ganz allein. Sie hat noch nie einen Conrad-Veidt-Film gesehen, in dem Conrad Veidt bei den Eltern wohnt ...

»Man kann ja nicht immer so genau sagen, was man vorhat, nicht wahr?« Er drückt zärtlich Susis Arm. »Und deswegen kann man sich auch nicht immer so tummeln, wie man gern möcht! Ich war schon wie auf Kohlen ...!«

»Ja!« Susi wird plötzlich lebhaft. »Ich hab zu Haus auch schwindeln müssen! Ich hab g'sagt, ich bin bei einer Geburtstagsfeier eingeladen!«

»So? So tüchtig sind Sie im Schwindeln?«

»Na, man tut, was man kann!« prahlt Susi.

»Also, wohin fahr'n ma aber wirklich?«

Susi weiß es nicht. Sie zuckt hilflos die Achseln.

»Am schönsten an so einem lauen Abend wär's natürlich beim Heurigen ... Gehen Sie gern zum Heurigen, Fräulein?«

»Oh ja, sehr gern!« Susi war in ihrem ganzen Leben noch nie beim Heurigen, aber sie empfindet das plötzlich als furchtbare Schande, und sie möchte es um keinen Preis zugeben.

»Aber bis man von hier nach Grinzing kommt, ist der Abend pfutsch!«

»Das ist wahr!«

»Wissen Sie, Fräulein Susi, ich hab' eine Idee! Ich weiß in der Maxingstraße ein kleines Lokal. Sehr nett. Bisserl Musik, ordentlicher Wein ... Haben Sie Lust?«

»Aber bitte«, sagt Susi. Und das Abenteuer, jetzt mit einem Mann in ein Lokal zu gehen, Wein trinken, »ordentlichen Wein«, wie er sagt, raubt ihr fast den Atem.

Susi hat in ihrem jungen Leben noch wenig Wein getrunken. Im Kino hat sie gesehen, wie Kavaliere mit eleganter Geste Champagner einschenken. Hier sitzt sie ein wenig fröstelnd und trinkt ein

Viertel Heurigen. Es schmeckt sauer, findet sie. Aber dieses Hiersitzen ist schön und lieb. Es ist ein kleiner Gasthausgarten mit nur wenig Gästen. Auf den Holztischen liegen rotgewürfelte Tischtücher. Die Luft ist lind und schmeckt nicht nach Benzin. Die blühenden Bäume duften.

»Wollen Sie vielleicht was essen?« fragt Herr Weinbauer.

»Oh danke, nein.« Susi hat zwar großen Hunger, aber da Herr Weinbauer selbst nichts ißt, findet sie es unpassend, das einzugestehen.

»Warum sind Sie denn so still?« will Herr Weinbauer wissen.

»Oh ...« Susi weiß selbst nicht, warum sie still ist. Sie ist müde. Sie atmet vorsichtig diese Luft ein, diese gute Hietzinger Luft. Sie ist glücklich, aber sie ist nicht sehr gesprächig.

Herr Weinbauer versteht davon nichts. Er legt seine Hand auf Susis Arm. »Na?« fragt er ermunternd.

Sie lächelt ihn an.

»Erzählen Sie mir doch einmal was!« fordert Herr Weinbauer. Er rückt näher und streichelt Susis Wange.

»Was soll ich Ihnen denn erzählen?« Die Hand auf ihrer Wange erhöht ihr Glücksgefühl. In den letzten Jahren sind Liebkosungen so etwas Seltenes geworden. Seit dem Krieg ist es nicht oft geschehen, daß jemand zärtlich die Hand auf ihre Wange legte. Die Mutter streichelt manchmal hastig und verstohlen ihr Haar. Früher war das anders. Früher! Vater und der große Bruder haben sie in die Höhe gehoben, die Mutter hat sie auf den Schoß genommen. In Zärtlichkeit und Liebe ist dieses Früher gehüllt. Warum ist die Mutter jetzt so selten lieb zu mir? Denkt Susi verwundert.

»Na, erzählen Sie mir doch was von Ihren Abenteuern!« fordert Herr Weinbauer. Seine Hand bleibt nicht auf Susis Wange liegen. Sie umspannt jetzt ihren mageren Mädchenhals.

»Abenteuer? Hör'n S' auf! Ich hab' doch keine Abenteuer!«

»Aber ein junges, hübsches Mädel wie Sie wird doch Erlebnisse haben ...«

»Nein«, sagt Susi.

Sie schaut den Karl Weinbauer an und wünscht sich, daß er dem Helden »Conrad« ähnlicher wäre, den sie den ganzen Winter so glühend geliebt hat. Die Mitzi hat recht, der Klavierspieler Weinbauer hat wirklich eine Glatze. Und wenn er lächelt wie jetzt eben, sieht man, daß ihm ein Zahn fehlt.

Herrn Weinbauers Fingerspitzen lösen sich von Susis Hals. Er rückt ihr näher. Susi wird rot. Sie stellt den Mantelkragen in die Höhe. Herr Weinbauer muß seinen verlegenen Arm wieder zu sich nehmen.

»Also Sie haben keine Erlebnisse«, wiederholt er töricht.

»Aber so erzählen Sie mir doch was«, sagt Susis feindselig, »Sie erleben doch sicher mehr als ich.«

Herr Weinbauer zündet sich umständlich eine Zigarette an. »Was soll ich Ihnen denn erzählen?« fragt er ebenso feindselig. »So ein armer Ehemann wie ich, der führt ein trauriges Leben.«

»Ehemann? Sie sind verheiratet?«

»Schon lang. Schon seit zehn Jahren. Mein Bub geht ja schon in die Schule!«

»So ...« Susi wendet den Blick von Herrn Weinbauer, der in Wirklichkeit ganz anders ist als in den Träumen des vergangenen Winters. »Ah so«, sagt sie, und sie möchte gerne hinzusetzen: Wenn Sie verheiratet sind, dann sagen Sie doch Ihrer Frau, sie soll Ihnen den Fleck aus Ihrem Überzieher 'rausputzen! Aber sie unterdrückt diesen Satz. Sie fragt nur steif: »Weiß Ihre Frau davon, daß Sie mit mir hier sitzen?«

»Ja, glauben Sie denn, meine Frau muß alles wissen?«

Susi betrachtet ernsthaft das rotgewürfelte Tischtuch.

»Schaun S'«, sagt Herr Weinbauer und rückt wieder näher, »schaun S', ein junges Mädel wie Sie stellt sich das ganz anders vor, als es in Wirklichkeit ist. Die Frau, die eigene Frau, das ist der Alltag. Nach Haus zur Frau geht man mit denselben Gefühlen, wie man in die Tanzschul' geht Klavierspielen oder ins Büro arbeiten ... Der Alltag ist das mit einem Wort. Verstehen Sie das?«

Susi hört Herrn Weinbauer zu und spürt eine merkwürdige Erleichterung bei seinen Worten.

Eh gut, denkt sie, daß er verheirat' ist, wenigstens muß ich mich nicht kränken, daß er so schiach ist und so blöd …

»Sind Sie am End' jetzt bös auf mich?« beendet Herr Weinbauer seinen Vortrag.

»Warum soll ich denn jetzt bös auf Sie sein? Wir waren doch früher nicht so gut miteinand'?« Susi fragt es möglichst schnippisch. »Übrigens, Herr Weinbauer, seien Sie so lieb und rufen S' den Zahlober. Ich möcht' nach Haus gehen. Mir ist so kalt.«

Susi kleidet sich hastig im dunklen Zimmer aus. Sie vermeidet es ängstlich, Lärm zu machen. Die Mutter darf nicht aufwachen. Oh, nur rasch ins Bett! Rasch unter die weiche, warme, vertraute Decke und endlich alle Enttäuschung in die Polster weinen.

»Susi!« ruft die Mutter schlaftrunken.

»Ja, Mutter?«

»War's schön? Hast du dich gut unterhalten?«

»Ja, Mutter, es war sehr lustig!«

»Das ist gescheit! Na, schlaf' dich jetzt aus! Ich hab dir zwei Butterbrote aufs Nachtkastl g'stellt! Falls du dort zu wenig gegessen hast!« »Dank' schön, Mutter!«

Susi tastet hungrig nach den Butterbroten. Große Tränen rinnen über ihre Wangen. Wenn es nicht so auffallend wäre, würde sie gern zur Mutter eilen und sie küssen.

»Gute Nacht, Mutter!« würgt sie hervor, behindert durch Butterbrot und Tränen.

»Na, gute Nacht, Susi!« Die Mutter dreht sich seufzend zur Wand.

O Mutter, Mutter! denkt Susi kummervoll. Warum ist das Leben so traurig, und die Kinostücke sind so schön?

Der Abschied von »Conrad« und den Gesprächen mit seiner Photographie fällt Susi schwerer, als sie geglaubt hat. Sie erinnert sich an die Gespräche mit Franzls grünem Heft, an sein vergöttertes Matura-Bild und an seine Rückkehr aus dem Feld. So ist das Leben, denkt die kleine Susi, so ist das Leben! Man hat ein Bild und darf es lieben, aber man darf sich kein Rendezvous damit geben! Es geht schlecht aus!

Traurig und ohne Glanz vergehen die Tage in Onkels dunklem Geschäft. Dumpf und schwer lasten die Abende auf ihr. Sie sitzt bei der schweigsamen Mutter, die mit klappernden Nadeln ihre ewigen Jumper strickt. So vergeht der drückend schwüle, heiße Sommer in Wien.

Mitzi, mit der man sonntags zusammen nach Schönbrunn geht, nimmt das Erlebnis »Conrad« nicht so tragisch.

»Ist er zudringlich 'worden?« fragt sie schlicht.

Susi errötet. »Ja!«

»Mach' dir nix draus!« tröstet die Mitzi. »Mein Gott, die Männer!« Und welterfahren zuckt sie die Achseln. »Die Männer muß man ausnützen! Einen Freund, weißt, darüber kann man reden, wenn er reich ist ... Aber so ein Bimpf, der einem nicht einmal eine Knackwurst zum Wein bestellt ... Mit so einem soll man ganz ohne Aussichten umeinanderziehen! Was sich die Männer so alles einbilden!« Damit ist der Fall für die Mitzi erledigt.

»Es ist vielleicht gar nicht, daß er die Knackwurst nicht zahlen kann ...«

»Na, was denn is' es?« fragt die Mitzi erstaunt.

Susi schweigt. Man kann diese Frage schwer beantworten. Daß er plötzlich so ein hoffnungslos fremder Mensch war ... das ist es, müßte sie sagen. Daß es nach ein paar Worten von ihm klar war, daß er ewig und immer fremd bleiben wird! Aber so was kann man wohl nicht sagen.

Den Herbst begrüßt die Susi wie eine Erlösung. Welch ein Glück, daß die Sonne nicht mehr so grell auf das glühend heiße Pflaster scheint! Die Wiedersehensfreude mit der Tanzschule Bruneder ist matt und ohne Bedeutung.

Die Herren Wachtl, Hutterer, und wie sie alle heißen, erzählen, daß der Shimmy unmodern ist und daß man heuer nur English Waltz tanzen wird. »Ist ja auch viel schöner und eleganter!« setzen sie hinzu.

Susi lernt also English Waltz tanzen, aber es läßt sie fast so gleichgültig wie die Gespräche ihrer Tänzer. Sie wirft einen Blick auf den Klavierspieler. Was man doch mit 16 Jahren für einen komischen Geschmack hat! überlegt sie. Und voll Herablassung denkt sie an die Susi vor einem Jahr ...

»Es ist heuer nix los beim Bruneder!« sagt die Mitzi. Und Susi gibt ihr recht. Aber beide hätten nicht sagen können, was im vergangenen Herbst »los« war.

Es ist am 27. Dezember um 11 Uhr vormittags. Der schlechtgelaunte Kommis betritt Susis Verschlag und sagt strahlend: »Susi, Sie werden zum Telephon verlangt!«

Susi sieht verwirrt von ihrer Karte auf, auf die sie Knöpfe annäht, und fragt ungläubig: »Ich?«

»Jawohl, Sie! Aber machen Sie rasch, der Chef ist ohnedies nicht sehr entzückt!«

Susi hastet zum Telephon. Ein unruhiger Gedanke an die Mutter kreuzt ihre Überlegungen. »Hallo!« ruft sie unsicher.

»Susi Urban?« fragt eine fremde, nie gehörte Stimme.

»Ja! Wer ist denn dort?«

»Du, Servus! Hier ist die Mitzi! Du, ich muß dir was Hochwichtiges sagen! Was machst du denn in deiner Mittagszeit? Gehst du nach Haus?«

»Nein, ich hab' Schmalzbrot mit! Ist was g'schehn?«

»Ja – na, du wirst ja alles hören! Du hast Schmalzbrot mit? Aber du hast Mittagszeit?«

»Ja!«

»Also, ich lad' dich ins Gasthaus ein! Komm um Punkt eins in das kleine Gasthaus in der Kirchengasse! Wirst du dort sein?«

»Ja! Servus!« Susi hängt verwirrt den Hörer ab. Was da nur los sein kann?

»Na, endlich erledigt das wichtige Gespräch?« fragt der Onkel erbittert. »Jetzt weiß ich endlich, wozu ich das teure Telephon bezahl'!«

»Servus, du Verrückte!« begrüßt Susi ihre Freundin. Und es fällt ihr heute wieder einmal auf, daß die Mitzi ein bildhübsches Mädel ist.

»Servus! Ich bitt' dich, setz' dich nieder! Ich hab' einen Bärenhunger!« Die Mitzi nimmt ihre kleine, schiefe Kappe vom Kopf und fährt mit beiden Händen durchs Haar. »Ja, also ich bin noch immer ganz weg! Mich hat heute einer angesprochen!«

»Auch schon was!« sagt Susi verächtlich.

»Ja, aber was für einer! Also, weißt du, wenn mir einer g'fallt, das will schon was heißen! Mir g'fallt nicht jeder ...!«

Susi schweigt und ißt ihre Suppe. Mitzi rückt näher. »Susi, ein schöner Mensch! Groß, schwarze Haare, schwarze Augen, elegant, geistreich ...«

»Na und? Du hast ein Rendezvous mit ihm?«

Mitzi lächelt überlegen. Sie entschließt sich endlich, das vor ihr stehende Rindfleisch zu essen.

»Rendezvous? Was machst du eigentlich am Silvesterabend, Susi?« Mitzi weidet sich einen Augenblick an dem wortlosen Erstaunen ihrer Freundin und sagt dann möglichst gleichgültig: »Wir sind nämlich eing'laden, du und ich! Ich bitt' dich, schau nicht so blöd! Ich flehe dich an, hör' lieber zu, ich werd's dir erzählen! Sein Freund gibt nämlich eine Silvesterfeier, und sie haben absoluten Damenmangel. Stell' dir vor: Heute Vormittag um 10 Uhr spricht mich dieser verrückte Mensch an, sagt: Verzeihen Sie, Gnädigste, aber was machen Sie eigentlich Silvester? Kannst dir vorstellen, wie blöd ich geschaut hab! Ungefähr so wie du jetzt! Drauf erzählt er mir das mit dem Fest und mit dem Damenmangel und sagt, er hat sich fest vorgenommen, wenn er heut unterwegs ein hübsches Mädel trifft, lädt er sie ein ... Du, ist das nicht originell? Susi, red doch endlich ein Wort!«

»Das ist wie im Kino!« sagt die Susi betäubt. »Aber wieso bin *ich* eingeladen?«

»Na, das ist doch klar wie Schuhwichs'! Weil ich gesagt hab, daß ich nur unter der Bedingung komm', daß ich meine Freundin mitbringen darf. Ich werd doch nicht mutterseelenallein in eine fremde Wohnung gehen! Was fällt dir denn ein? Du, Susi, ist das nicht wirklich wie im Kino?«

Und Mitzi packt stürmisch Susis Arm und flüstert leidenschaftlich: »Suserl, Suserl, endlich einmal was anderes als das ewige Geschäft und als einzige Abwechslung die Tanzschule Bruneder! Endlich, daß einmal was g'schieht!«
Mutters Erlaubnis, zu einer Silvesterfeier zu gehen, ist viel leichter zu erlangen, als Susi gedacht hat. Berta kümmert sich überraschenderweise diesmal überhaupt nicht um die Angelegenheit: Sie trifft geheimnisvolle und aufgeregte

Vorbereitungen für die Silvesternacht und hat eine »sehr interessante« Einladung.

Schwieriger ist die Toilettenfrage zu lösen. Mitzi vertritt mit ungewohnter Energie den Standpunkt, daß Susi »einen halbwegs feschen Fetzen« besitzen müsse, und trotz schüchterner Einwände von Frau Urban fischt sie schließlich ein Sommerkleid aus dem Kasten und erklärt: »Das könnt' man ändern! Wem g'hört das?«

»Das gehört mir, Fräulein Mitzi«, sagte Frau Urban, »aber ich schenke es natürlich gern der Susi, wenn sie es braucht. Ich trag' es seit drei Jahren nicht mehr, weil es mir viel zu jugendlich ist. Aber so ein helles Kleid für abends? Wie schaut denn das aus? Glauben Sie wirklich, Fräulein Mitzi?«

»Frau Urban, die Zeit der dunklen Abendkleider ist lang vorüber! Außerdem ist das Kleid gar nicht hell. Komm' her, Susi, schlüpf' einmal hinein! Ich werd schaun, was ich machen kann!«

Und Mitzi fabriziert aus Frau Urbans »jugendlichem Sommerkleid« einen »schicken Fetzen« für die Susi. Es wird ein Kleid mit einer langen Taille, mit kurzem, weitem Rock, einer Blume an der Schulter, einem Schal um den Hals (aus den Ärmeln). Es ist ganz erstaunlich, was Mitzis flinke, geschickte Finger vollbringen!

»Wollen Sie nicht wenigstens kurze Ärmel machen, Fräulein Mitzi? Vielleicht Puffärmel?«

»Frau Urban, seien Sie mir nicht bös, aber Sie leben auf dem Mond! Wer trägt denn heutzutage Ärmel, noch dazu Puffärmel?«

»So ganz nackte Arme trägt man?« fragt die verzweifelte Frau Urban.

»So ganz nackte Arme!« bestätigt streng und unerbittlich die Mitzi.

Aber auch die Frau Pechacek, die geholt wird, um ihr Urteil abzugeben, erklärt, daß es so, wie es ist, richtig und modern ist und daß die Susi in dem Kleid sicher Eroberungen machen wird.

Das Haus, in dem diese Silvesterfeier stattfindet, ist im dritten Bezirk, in der Ungargasse, ein großes Zinshaus mit breiter Treppe.

»Nobel«, sagt die Mitzi anerkennend, »ein schönes Haus! Aber ich möcht' halt noch höher wohnen! Dritter Stock! Hast du eine Ahnung?«

Atemlos bleiben die beiden Mädchen im dritten Stock bei der Tür 24 stehen. Rudolf Wallentin.

»Da sind wir!« keucht die Mitzi. »Hörst du, die machen einen Lärm da drinnen ...«

Die elektrische Klingel tönt schrill in das Gewirr der vielen Stimmen und des Grammophons.

»Die hören uns ja gar nicht«, flüstert Susi angstvoll.

»Läuten wir halt noch einmal.« Mitzi drückt dreimal energisch auf den weißen Knopf.

Vielleicht ist das Ganze ein Irrtum, überlegt die Susi, vielleicht hat sich einer mit Mitzi einen Witz gemacht? Und die Einladung, der sie beide gefolgt sind, erscheint ihr in diesem Augenblick so ungeheuerlich, daß sie gern die Mitzi am Mantel zupfen möchte und ihr zuflüstern: »Gehen wir wieder weg ...!«

Aber in diesem Augenblick wird die Türe geöffnet, und Mitzi sagt schüchtern: »Bitte, ist Herr Egon Lambert da? Er hat uns nämlich eingeladen.«

Es sieht so aus, als wäre es Mitzis Wunsch, eine ablehnende Antwort zu erhalten, um so rasch als möglich von hier fortzukommen. Susi, die sicher hinter der Mitzi versteckt hat, ist bereit, mit einer einzigen Bewegung zur Treppe zu fliehen, und sie wäre glücklich, wenn sie die Blamage schon überstanden hätte.

»Aber bitte, kommen Sie doch weiter!« sagt der junge Mann freundlich. Er läßt die beiden Mädchen eintreten und hilft ihnen aus den Mänteln. »Ich heiße Robert Wallentin«, erklärt er. »Ich bin sozusagen der Gastgeber hier.«

Sie gehen mit dem »Gastgeber« durch den langen Korridor. »Bitte!« sagt er. Er öffnet eine Türe. Susi stolpert hinter Mitzi ins Zimmer. Sie sieht vorerst nur dicken Rauch. Ein Dutzend fremder Gesichter, neugierige, musternde Augen starren auf die verlegene Susi.

»Egon, deine Gäste sind gekommen!«

»Na, da sind Sie ja, Herr Lambert!« ruft die Mitzi erleichtert.

Egon Lambert ist wirklich »so schön und elegant«, wie ihn die Mitzi beschrieben hat.

»Und das ist Ihre Freundin, Fräulein Mitzi?« fragt der junge Mann Egon Lambert.

»Susi Urban heiß' ich«, sagt Susi schüchtern.

»Susi? Das ist aber ein schöner Name!« lobt Herr Lambert. Und dann tut er etwas, was die kleine Susi auch in ihren Träumen bisher noch nicht erlebt hat: Er ergreift ihre Hand und führt sie an die Lippen. Ein Mann hat ihr die Hand geküßt! Schade, daß die Berta das nicht sehen kann!

In den letzten Tagen vom 27. bis 31. Dezember haben Mitzi und Susi eigentlich nur von dieser »interessanten Einladung« gesprochen. Sie haben alles so oft durchgedacht, was sie sagen werden, was sie antworten werden, ja, auch was man sie fragen wird. Aber wie zum Beispiel die unbekannte Wohnung ausschauen wird oder wie alt oder jung ihr eigentlicher Gastgeber, dieser Herr Wallentin, ist, darüber haben sie sich nicht den Kopf zerbrochen. Eine Wohnung ist entweder eine Wohnung, in der man bloß wohnt, die so gleichgültig und selbstverständlich ist, daß man sie kaum beschreiben kann, oder es ist eine »Kinowohnung«, eine »feine Wohnung«, wie man sie nur im Kino kennt, mit endlosen Räumen, Perlvorhängen anstatt Türen und so prunkvoll eingerichtet, daß man sich nie vorstellen kann, daß die Leute sich auch trauen, diese Möbel zu benützen.

Die Wohnung, in der die Susi heute ist, ist für sie etwas völlig Neues. In keiner Wohnung, in der sie bisher war, steht so ein riesiger Flügel, stehen so schwere Lederfauteuils und so wandhohe Bücherschränke.

»Sagen Sie«, fragt Susi beklommen, »Ihr Freund, der Herr Wallentin, wohnt hier ganz allein?«

»Der Robert? Aber was fällt Ihnen ein! Das ist doch die Wohnung seiner Eltern!«

»Ah so! Und wo sind denn die heute abends?«

»Aber die sind doch verreist! Die haben doch die gute Idee gehabt wegzufahren, sonst hätten wir doch den ganzen Wirbel heute abends nicht veranstalten können!«

»Und Sie sind ein Freund von Herrn Wallentin?«

»Jawohl, Fräulein Susi, wir sind Kollegen, der Robert und ich.«

»Was sind Sie denn, Herr Egon? Sind Sie wo angestellt?«

»Ich?« fragt der Herr Egon erstaunt, »ich studiere! Jus studiere ich.«

»Ja so!« Studieren – das hat der Franzl auch wollen! Vor dem großen Krieg. Und nach dem Krieg hat er erklärt: »Es hat heutzutage keinen Zweck mehr!« Und damit ist das Wort und der Begriff so endgültig aus Susis Leben verschwunden, als wäre durch das Urteil des großen Bruders die Wiener Universität eingestürzt.

»Sie sind Student?« fragt Susi beglückt.

»Und was sind denn Sie, Fräulein Susi?«

»Ich?« fragte Susi erstaunt, »ich geh' ins G'schäft!«

»Ins G'schäft? In was für ein G'schäft gehen Sie denn?«

»Adolf Habermanns Söhne, Knöpfe en détail und en gros, Mariahilfer Straße 74«, berichtet Susi gehorsam.

»Ja, aber was machen Sie denn dort?«

»Na, allerhand! Musterkarten nähen, telephonieren, einkassieren gehen, liefern gehen und auch Maschinschreiben! Was es halt zu tun gibt in einem Geschäft!«

»Ja so!« sagt der Herr Egon Lambert, stud. Jur. »Ja, so ein tüchtiges, kleines Fräulein sind Sie!« Seine Hand fährt einmal rasch und zärtlich über ihren Scheitel, so verlegen und heimlich, wie Mutter es tut, wenn die Berta grad nicht herschaut.

Die Silvesterveranstaltung, die der junge Robert Wallentin in Abwesenheit seiner Eltern veranstaltet, ist alles in allem wirklich nur ein »großer Wirbel«, wie es Egon Lambert genannt hat. Es gibt zwar ganz »erwachsene Sandwiches«, und es wird sehr streng darauf geachtet, daß keine der Damen Mauerblümchen ist, faule Tänzer werden unbarmherzig »zur Arbeit« kommandiert, denn »in meinem Hause soll man sich wohl fühlen«, sagt Robert Wallentin. Trotzdem man sich also innig bemüht in Abwesenheit der Erwachsenen, ein möglichst erwachsenes Fest zu haben, bleibt es bei einem großen, großen Wirbel.

Susi selbst sieht von alldem wenig. Sie hat kaum Zeit zu bemerken, daß die anderen jungen Mädchen »wirkliche« Abendkleider besitzen, daß Mitzi sich mit den vielen neuen Bekannten großartig unterhält, ja sie gelangt kaum dazu, Gewissensbisse zu haben, weil Egon Lambert doch »eigentlich Mitzis Eroberung war ...«

Sie sitzt im Winkel einer riesigen Couch mit Egon, ißt gehorsam die Sandwiches, die er ihr bringt, trinkt Wein und hört und sieht nur Egon Lambert ...

»Haben Sie Geschwister?« fragt er.

»Ja, eine Schwester, aber sie ist viel älter als ich. Um zehn Jahre älter.«

»Ist sie lieb zu Ihnen?«

»Nein, sie ist eine Bißgurn.«

Sie versteht durchaus nicht, warum Egon zu diesen Worten so herzlich lacht. Sie hat doch keinen Witz gemacht.

Um Punkt 12 wird es dunkel im Zimmer, und es bleibt längere Zeit dunkel, weil ja schließlich nur junge Menschen hier versammelt sind, und Susi Urban bekommt ihren ersten Kuß. Der junge Mann Egon, der ihr einen flüchtigen Neujahrskuß geben wollte, wird von ihren Armen sehnsüchtig festgehalten. Es wird ein langer, unendlich zärtlicher Kuß.

»Susi?« fragt der junge Mann erstaunt und vielleicht auch beklommen.

»Egon?« antwortet Susi, für die in den letzten Stunden dieser Name der schönste und der einzige wurde. Namen wie Franzl oder gar »Conrad« sind endgültig entthront, in eine graue Vergessenheit gestürzt.

»Egon«, flüstert Susi, dankbar, hingegeben.

Egon drückt sie fest an sich und die widerstandslose Zärtlichkeit ihres Körpers fühlend, sagt er: »Na, wie du meinst ...«

Als es wieder hell wird und die lauten, fröhlichen Rufe: »Prosit Neujahr!« ertönen, ruft Mitzi, auf die beiden zeigend, übermütig: »Mir scheint, da haben sich zwei ein Bussel gegeben!« ...

Diese Liebesgeschichte, die am Silvesterabend 1923 begonnen hat und das Jahr 1924 einleitet, bringt für Susi Urban wirklich ein ganz neues Jahr. Es ist ein Jahr, das anders wird als alle Jahre vorher.

Susi gebraucht keine Ausreden mehr, wenn sie abends ein Rendezvous hat. Sie sagt ohne Einleitung: »Auf Wiederschaun, Mutter, um 11 Uhr komme ich nach Hause.«

Berta, die in letzter Zeit einem spiritistischen Klub angehört und in den wenigen Stunden, die sie zu Hause verbringt, hauptsächlich von den Erscheinungen Beethovens und Goethes berichtet, merkt vielleicht gar nicht, wie oft sie abends ausgeht. Und Susi benützt die verklärte Geistesabwesenheit der großen Schwester dazu, um sich vom häuslichen Zwang zu emanzipieren.

Egon wird so vollständig der Inhalt und das Motto ihres Lebens, daß sie selbst die Änderung gar nicht bemerkt, die mit ihr vorgegangen ist.

Wie glücklich oder wie enttäuscht sie von der Liebe ist, kann Susi in dieser Zeit nicht sagen.

Ach, Susi, von Mitzi und auch von der Köchin Luise längst unterrichtet, weiß, daß »es nicht der Mühe wert ist, Faxen zu machen«, und daß »das Ganze nicht so wichtig« ist. Susi weiß vorläufig von der Liebe nicht mehr, als daß es schön ist, sich auf etwas freuen zu können. Darauf, daß es Abend, daß es Sonntag wird, auf Egons Lachen und auf den Moment, in dem er »Mäderl« sagt.

Aber vielleicht hat Susi, die auf die verlegene Einladung: »Wir sollten einmal zusammen wohin gehen, wo man allein sein kann«, nicht gewagt hat, Bestürzung, Angst oder Beklommenheit zu zeigen, doch gehofft, daß »das Ganze sehr, sehr wichtig ist« und daß es Egon »sehr ernst nehmen werde ...«

»Weißt du«, sagt Egon und hebt den Kopf ein wenig von ihrer Schulter, »weißt du, es ist eigentlich ein großes Glück für mich, daß ich dich gefunden habe ...«

»Ja?« fragt Susi scheu.

»Ja ... Es ist nämlich in Wirklichkeit noch immer verdammt schwer für einen jungen Mann. Schau ...«

Und Susi, seine Wange streichelnd, hört seiner ausführlichen Begründung nicht zu. Sie horcht in dem fremden, dunklen Zimmer dem Klang seiner Worte nach: Weißt du, es ist eigentlich ein großes Glück für mich, daß ich dich gefunden habe ...

Im Geschäft geht es Susi in dieser Zeit nicht gut. Der ärgerliche Ruf des Chefs: »Woran denkst du?« ertönt öfter als früher. Ihr Zorn über die »Schinderei« ist größer als sonst. Sie hat jetzt manchmal Lust, auf die hämischen Reden etwas zu antworten. »Dir liegt das Geschäft sehr am Herzen«, sagt der Onkel erbittert.

Susi denkt einen Augenblick daran, zu rufen: Nein, es liegt mir nicht am Herzen! Dein ganzes Geschäft, alle deine Knöpfe, die kleinen, die großen, die runden, die glatten, die Horn-, die Holzknöpfe sind mir ganz egal. So egal wie ich Ihnen bin, Herr Onkel ... Aber sie preßt die Lippen zusammen und schweigt.

»Was schaust du so frech?« fragt der Onkel böse.

Susi beugt sich über ihre Arbeit. Ihr Herz klopft vor Zorn wild und empört. Und sie spürt mit einem Male deutlich: Ich mag den Onkel nicht. Oh, wie sehr mag ich den Onkel nicht!

Am Samstag abends trifft Susi die Tante Milli bei der Mutter an. Die beiden Frauen schweigen bei ihrem Anblick, und Susi weiß: Aha, die Tante hat sich beklagt über mich! Sie ist sofort in Kampfstimmung ... Sie grüßt kalt, und ohne eine Anrede der Tante abzuwarten, beginnt sie sich umzukleiden.

»Du mußt schon entschuldigen, Tante Milli, aber ich muß mich gleich waschen.«

»Aber bitte, bitte, laß' dich nicht stören ...«

»Susi«, sagt die Mutter bedrückt, »Susi, der

Onkel ist leider gar nicht zufrieden mit dir im Geschäft ...«

»So«, sagt die Susi, »soso ...« Und sie spürt, wie ihr Herz wieder wild und laut zu schlagen beginnt.

»Es scheint dich ja sehr zu interessieren«, fragt die Tante spitz. »Warum soll's mich interessieren?« Susi weiß: Jetzt ist mir alles wurscht ...

»Na, ich muß sagen ...«

»Warum soll's mich interessieren?« Susi spricht unbeirrt weiter. »Hat der Onkel sich in den ganzen Jahren dafür interessiert, wie ich mit ihm zufrieden bin ...?«

Die Tante lacht schrill auf: »Das ist ja großartig!«

Susi bearbeitet seit zehn Minuten ihre Hände mit der Nagelbürste. »Das ist gar nicht so großartig wie du glaubst, Tante. Wenn der Onkel als Chef sich nicht dafür interessiert, ob man mit dem Gehalt etwas anfangen kann, den er mir zahlt. Wenn er mich in seinem Geschäft nicht wirklich was lernen läßt, immer nur liefern schickt, einkassieren und die depperten Knöpf' annähen ... Es gibt sich ja kein Mensch dort Mühe mit mir. Warum soll ich denn zufrieden sein ... Das ist das eine. Und das andere: Als Onkel ist es ihm ganz egal, daß ich jeden Tag zu Mittag mein Schmalzbrot esse und er geht ins Gasthaus und nachher noch ins Kaffeehaus ...«

»Ja, mein Kind«, die Tante richtet sich würdevoll auf, »Ausnahmestellungen für Verwandte gibt es nicht. Das ist unmoralisch.«

»Eben«, pflichtet Susi bei, »eben, eben. Sag' ich auch. Glaubst du, die anderen Angestellten im Geschäft geben sich solche Mühe? Glaubst du, die tratschen nie oder machen einmal etwas falsch? Aber mich darf man dort immer anschreien, mich ja. Weil ich eine Verwandte bin, weil mich der Onkel schon gekannt hat, wie ich noch nicht auf der Welt war! Ich danke schön, ich habe genug davon.« Und Susi preßt ihre beiden Hände auf den Grund der Waschschüssel und sagt mit einer Kühnheit, über die sie selbst erstaunt ist: »Kannst dem Onkel ausrichten: Mein Bedarf, bei Verwandten angestellt zu sein, ist gedeckt. Ich such' mir jetzt einen anderen Posten. Einen Posten bei fremden Leuten. Ich kündig', ich bin nicht zufrieden! So!«

»Susi«, ruft die Mutter eisig, »Susi, sei jetzt endlich still! Du wirst die Tante noch bös machen ... Was ist denn? Warum nimmst du das schöne Kleidl aus dem Kasten?«

»Weil ich fortgeh', weil ich ein Rendezvous habe!«

»Na ja, natürlich«, die Tante Milli hat endlich wieder Luft bekommen. »Natürlich, wenn das gnädige Fräulein ihre Liebesgeschichten im Kopf hat, dann kann es keinen Menschen wundern ...«

»Ah geh, hör' auf«, Susi streicht mit zitternden Händen ihr Kleid glatt. »Ich darf keine Liebesgeschichten im Kopf haben? Weil ich 18 Jahre alt bin, was? Der Onkel, ja! Der ist schon 50. Für den paßt sich's eher, was?«

»Der Onkel, ja?« fragt die Tante unruhig. »Was redest du für einen Blödsinn? Was hat das mit dem Onkel zu tun?«

Susi setzt sich erbittert ihren Hut auf. »Wenn der Onkel das Fräulein Lydia Kreim in Hietzing verehrt, das ist in Ordnung! Aber wenn ich ein Rendezvous habe, da muß geschimpft werden ...«

Das hätt' ich nicht sagen sollen, bereut die Susi, das nicht. Wenigstens der Tante nicht. Sie sieht die Tante nicht mehr an und eilt aus dem Zimmer.

»Susi!« ruft die erschrockene Stimme der Mutter. »Laß' sie gehen«, hört sie die Tante sagen ...

Wenn mir nur das mit der Lydia nicht 'rausgerutscht wär'! Daß einen die Leut' aber auch immer so reizen, daß man so wütend wird ...

Die Mitzi wartet bereits ungeduldig bei der Haltestelle: »Ich bitt' dich, daß du schon da bist. Unsere Kavaliere werden schon ungeduldig sein als wie ... Jetzt steig' schon endlich ein, da ist ein »L«-Wagen.«

Sie läßt sich dann aber geduldig den häuslichen Krach schildern und meint weise: »Das hast du davon! Weil du die ganzen Jahre geschwiegen hast und alles 'runtergeschluckt. Wärst du immer hie und da ein bissel frech gewesen, dann hättest du dir heute den Riesenkrach und die ganze Aufregung erspart.« Aber tröstend setzt sie hinzu: »Wer weiß, wozu es gut ist. Mach' dir nichts d'raus!«

»Glaubst du, daß ich einen anderen Posten finde?«

»Ich bitt' dich gar schön ... Das wär' nicht schlecht! So einen guten Posten, wie du bisher gehabt hast, findest du schon wieder! Aber eines sag' ich dir: Mit mir kannst dich aussprechen, ich bin deine Freundin. Dem Egon erzähl kein Wort. Das können die Männer absolut nicht vertragen, wenn man Sorgen hat. Immer hübsch Sonne im Herzen und grinsen wie ein frischlackiertes Hutschpferd, sonst sucht er sich eine andere, der es besser geht ...«

Der Krach mit Tante Milli wird zu Susis Erstaunen nicht mehr erwähnt. »Mußt dir halt einen anderen Posten suchen«, sagt die Mutter beiläufig. Das ist alles? wundert sich Susi im stillen, aber sie schweigt.

Sie sucht sich einen anderen Posten ... Sie kauft Sonntag die Zeitung und schreibt Adressen heraus. Sie geht Montag früh von zu Hause weg und sucht die Firmen auf, die annonciert hatten, daß sie eine junge Bürokraft suchen. Das Zeugnis, das ihr der Onkel geschickt hat, enthält vier knappe Sätze. Viel Aufsehen kann man mit diesem Zeugnis nicht hervorrufen.

Es ist schwer, einen Posten als »Büromädel« zu finden. Ihre schöne, deutliche Handschrift, auf die sie so stolz ist, macht wenig Eindruck. »Perfekt Maschinschreiben – Stenographieren – Französisch – Englisch?« wird sie gefragt.

»Buchhaltung? Lassen Sie Ihre Adresse da, wir werden Sie verständigen ...«

Susi wird nicht verständigt. »Mitzi«, sagt sie kummervoll zu ihrer Freundin. »Mitzi, ich brauch' einen Beruf. Ich muß was lernen. Vielleicht Abendkurse ...«

Die Mitzi denkt nach. »Na, wozu hast du denn Talent?« fragt sie.

»Zum Kochen«, sagt Susi schnell.

»Das ist kein Beruf. Das bringt nichts ein. Das können sich nur Frauen leisten, die geheiratet werden.«

»Du glaubst, mich wird nie einer heiraten?«

»Warum nicht? Wenn du einmal einen Posten hast, mit einem guten Gehalt ... Dann bist du genau soviel wert wie ein Mädel mit einer Mitgift!«

Susi schweigt bedrückt. »Was meinst, soll ich vielleicht schauen, daß ich was finde, bei Kindern oder so ...«

»Kindermädel willst du werden? Dann kannst gleich als Köchin gehen! Das hat alles keine Zukunft. Nein, es ist schon besser, du wirst eine tüchtige Bürokraft. Das schaut mehr gleich! Glaub mir, wir werden schon was finden. Am Sonntag helfe ich dir beim Annoncenlesen ...«

Dann findet Susi einen Posten bei einem Rechtsanwalt.

»Bis jetzt hat meine Frau in der Kanzlei gearbeitet, aber meine Frau will sich jetzt ausschließlich den Kindern widmen. Hingegen wird Ihnen meine Frau in der ersten Zeit gerne alles zeigen.«

Die Frau Doktor Müller sitzt daneben und nickt bei jedem Satz, den ihr Mann spricht. Es ist eine junge, hübsche Frau; sie betrachtet Susi mit Wohlwollen: »Können Sie stenographieren?«

»Nein«, gibt Susi zu, »aber ich werde es lernen.«

»Macht das was?« erkundigt sich Herr Doktor Müller bei seiner Frau.

»Nein, das macht nichts, Erich, du kannst ihr in die Maschine diktieren, Maschinschreiben können Sie doch?«

»Ja«, sagt Susi entschieden.

»Gut?«

Susi nickt.

»Es wird schon gehen, Fräulein«, sagt die junge Frau Doktor Müller. »Die Hauptsache ist, daß Sie sich Mühe geben.«

»Ich werde mir große Mühe geben«, verspricht Susi. Ich werde Abendkurse besuchen, schwört sie sich innerlich.

»Also, dann morgen um halb 9 Uhr«, sagt der Herr Doktor Müller und reicht ihr die Hand.

Susi drückt die dargereichte Hand mit Leidenschaft. Niemals hat ihr der Chef von Adolf Habermanns Söhne, Knöpfe en détail und en gros, die Hand zum Abschied gegeben.

Die junge Frau Doktor Müller begleitet sie hinaus. »Nur keine Angst, Fräulein, mein Mann ist ein bisserl streng, aber er ist sehr gerecht.«

Susi macht verwirrt einen tiefen Knicks, so wie

sie es als kleines Mäderl gelernt hat. Auch das ist noch nie geschehen, daß ihr jemand zugeredet hat, keine Angst zu haben. Und sie muß sich eingestehen, daß sie Angst hat, große Angst!

Zu Hause findet sie einen Zettel auf dem Tisch: »Bin bei Frau Pechacek. Mutter.«

Die Susi geht also zur Frau Pechacek, um der Mutter die gute Nachricht zu bringen.

»Ich hab den Posten bekommen, Mutter«, sagt sie möglichst selbstverständlich.

»Ja?« fragt die Mutter aufgeregt. »Ja? Setz' dich nieder. Erzähl gleich ...«

»Was für ein Posten ist das?« will Frau Pechacek wissen. »Bei einem Advokaten? Das ist recht. Wenigstens kommt sie in bessere Kreise.«

»Bist du geprüft worden, Susi? Und ist alles gut gegangen?«

»Ja«, lügt Susi. »Sehr gut.«

»Warum soll's denn nicht gut gehen? Die Susi ist doch ein intelligentes Mädel!« Die Frau Pechacek klopft der Susi zuversichtlich auf die Schulter. »Sie werden sehen, Frau Urban, in der Advokatenkanzlei wird die Susi noch ihr Glück machen ...«

»Ihr Glück?« seufzt Frau Urban ungläubig. »Ihr Glück?«

»Na, warum denn nicht, Frau Urban? Ach, Susi, Sie wissen ja gar nicht, wie gut Sie es haben, daß sie heutzutag' ein junges Mädel sind.«

»So?« fragt Susi, »warum?«

»Sehen S', das wär' immer meine Schwärmerei

gewesen, wie ich jung war. In ein Büro gehen oder so was. Aber damals war das noch nicht so selbstverständlich für ein Frauenzimmer. Immer nur kochen und nähen und so unintelligente Sachen. Na ja, heut ist das anders, Gott sei Dank.«

»Wann mußt du morgen im Büro sein?« fragt die Mutter.

»Um halb 9 Uhr erst.« Susi schaut zum Fenster hinaus. »Die Frau Doktor ist sehr lieb, Mutter. Sie hat versprochen, sie wird mir alles zeigen.«

Trotzdem also die Frau Doktor Müller lieb ist und der Herr Doktor streng, aber gerecht, erlebt Susi Urban in den nächsten Wochen noch mehr Unannehmlichkeiten, als sie befürchtet hat. Bis in ihre Träume tönen die Befehle ihres neuen Chefs: »Spannen Sie ein, Fräulein, ein Schriftsatz, dreifach, ein Durchschlag!« Und bevor noch Susis zitternde Finger imstande sind, das Papier glattzustreichen, das sich in der tückischen Maschine immer wieder sträubt und bedrohliche Falten wirft, beginnt der Herr Doktor in rasendem Tempo Sätze zu diktieren, deren Sinn schlechtweg unverständlich ist.

Und bevor noch Herr Doktor Müller auf den Tisch schlägt und brüllt: »Fräulein, *das* soll ein Schriftsatz sein!«, weiß die arme Susi längst, daß das sicher kein Schriftsatz ist, obwohl die Frage, *was* überhaupt ein Schriftsatz ist, sie noch viel mehr beunruhigt.

Die herbeigerufene Frau Doktor erklärt nachdenklich: »Ich werde dir das umschreiben, Erich, und das Fräulein wird es sich anschauen, und sie wird sich einprägen, wie so etwas aussehen muß. Gehen Sie inzwischen zu den Kindern, Fräulein!«

Susi geht inzwischen zu den Kindern. Sie verläßt dieses unheimliche Zimmer, das ihr mit Akten und dickleibigen Büchern das Leben vergällt; sie verläßt diese heimtückische, widerspenstige Schreibmaschine und betritt aufatmend das Kinderzimmer. Hier herrscht ein angenehmes, leichtverständliches Leben. Bunte Bilder hängen an den Wänden, ein Schaukelpferd wiegt sich in den Hüften, Glaskugeln rollen über das glatte Linoleum, und zwei kleine Mädchen stehen zwischen dem Spielzeug und sehen Susi neugierig an.

»Kannst du Geschichten erzählen?« wird sie gefragt.

»Ja«, sagt Susi tiefaufatmend, in dem beseligenden Bewußtsein, die Wahrheit zu sprechen.

Dreimal in der Woche hat Egon abends Zeit für Susi. »Wie geht es dir in deiner neuen Stellung?« fragt er manchmal. Und Susi antwortet prompt: »Oh, ausgezeichnet!« »Na also, mein kleines, tüchtiges Mädchen«, sagt Egon gelassen.

Manchmal beginnt Susi freiwillig zu erzählen, wie tüchtig sie heute wieder war. Es tut ihr unendlich wohl, mit dieser erlogenen Tüchtigkeit zu prahlen. Egon hört ihr geduldig zu und sagt abschließend: »Bleib so, wenn ich meine eigene Kanzlei habe, kannst du bei mir eintreten.«

»Wann wirst du deine eigene Kanzlei haben?«

Egon macht lächelnd eine Handbewegung: »Das hat lang, lang Zeit. Bis dorthin kannst du noch viele Knödel essen, kleine Susi.«

Susi betrachtet Egon aufmerksam. Es hat lang, lang Zeit. Egon wird studieren, Doktor werden, wird in eine Kanzlei eintreten, wird eine eigene Kanzlei haben. Die Zeit wird vergehen, er wird Rechtsanwalt Dr. Egon Lambert sein, und Susi wird noch immer ins Büro gehen. Sie wird ihren Posten verlieren, einen anderen suchen, wird ein Zeugnis haben, wird wieder Arbeit finden, wird diesmal vor einer Remington-Schreibmaschine sitzen und das nächste Mal vor einer Underwood ...

»Kostet das sehr viel Geld, so eine eigene Kanzlei?«

»Das glaub' ich. Ohne eine reiche Braut wird das gar nicht zu machen sein.« Egon faßt Susis Arm: »Komm, gehen wir ins Kino. Ich möchte gerne was Lustiges sehen. Du auch?«

»Ja, ich auch«, stimmt Susi gehorsam zu.

Sie gehen ins Kino und nachher in ein Kaffeehaus. Susi hat jedesmal Angst, daß Egon viel zu viel Geld für die Zusammenkünfte mit ihr ausgibt. Sie hat Hunger und sie ißt zwei Eier im Glas mit schlechtem Gewissen.

»Kommst du denn mit deinem Geld aus, wenn du so leichtsinnig bist? Kino, Kaffeehaus?«

»Mit meinem Geld komm' ich sowieso nicht aus, wozu soll ich mir da noch den Kopf zerbrechen?«

»Ja, aber was machst du denn da, wenn du nicht auskommst ...?«

»Ich pump' die Mutter an«, sagt Egon lakonisch. »Erlaubst du, daß ich jetzt Zeitungen lese?«

»Oh, bitte ...«

Am nächsten Morgen wird sie von Doktor Müller mit dem üblichen Gruß empfangen: »Fräulein, wenn meine Frau nicht jeden Tag für Sie um Geduld bäte ... ich schwöre Ihnen ...«

Er vollendet den Satz nie, aber es ist auch nicht nötig. Susi weiß genau, was Dr. Müller zu schwören bereit ist.

»Warum suchen Sie sich eigentlich keinen Posten als Kindermädchen?« fragt Dr. Müller. »Mein Frau erzählt mir, daß unsere Kinder Sie so gerne haben.«

»Aber da hat man doch gar keine Aussichten, Herr Doktor«, sagt Susi artig ihre Lektion auf.

»Und Sie glauben, als Bürokraft haben *Sie* Aussichten?« Doktor Müller lacht höhnisch.

Susi hat den Schwur, einen Abendkurs zu besuchen, ehrlich halten wollen. Sie hat es sich einfacher vorgestellt, die arme, kleine Susi. Wenn sie abends Dr. Müllers Kanzlei verläßt mit schmerzendem Rücken, steifem Nacken und brennenden Augen, ist sie selten, sehr selten fähig, ihren Schwur zu halten, ihren Kurs zu besuchen, ihre Aufgaben zu machen.

»Mach' dich nicht lächerlich«, tröstet Mitzi die Freundin. »Du lernst es ja jetzt in der Praxis. Das ist besser als jede Schule ...«

Ja, natürlich, denkt Susi, ich lern' es ja jetzt in der Praxis ...

»Aber du bist ja sowieso so tüchtig, laß' dich nicht verrückt machen«, wendet Egon ein, wenn sie keine Zeit für ihn hat.

Es ist ja so schwer, darauf zu verzichten, mit Egon zusammen zu sein. Es ist so schwer, von Dr. Müller direkt in die Schule zu gehen, eine Pflicht gegen die andere einzutauschen. Und jetzt, da es Mai, sommerlicher Mai, geworden ist, ist es fast unmöglich, so pflichtbewußt zu sein.

»Über den Sommer könntest du wirklich pausieren mit der Lernerei. Du verträgst die Hitze eh schlecht. Im Herbst, wenn es wieder schön kühl wird, laß' dich wieder einschreiben ...«, mischt sich die Mutter ein. Und einer Mutter muß man schließlich folgen ...

Egon kommt jetzt abends mit nassen, angeklebten Haaren, mit rotem, sonnendurchglühtem Gesicht Susi abholen. »Den ganzen Tag war ich im Bad. Es war herrlich, Susi!«

»Du Glücklicher!« Susi ist fast neidisch.

»Na, nächsten Sonntag nehm' ich dich mit ins Grinzinger Bad«, verspricht Egon, »es wird dir gut tun!«

Die Mutter hat nichts dagegen, daß Susi »mit einer ganzen Gesellschaft ins Bad gehen will«. Erstaunlicherweise sagt sie sogar: »Das ist gescheit!«

Samstag nachmittags geht Mitzi mit Susi einen Schwimmanzug kaufen. »Ein fesches Trikot ist heutzutag' wichtiger als ein elegantes Ballkleid«, philosophiert Mitzi. »Wenn er sich im Bad für dich geniert, ist es aus und geschehen.«

Es wird ein herrlicher, sonniger Tag im Freien. Es gibt eine grüne Wiese, auf der man liegen kann, einen endlos blauen Himmel.

»An Wochentagen ist es hier viel schöner«, sagt Egon, »da sind nicht so viele Leute hier.«

Mit dem »38er« zur Endstation und man ist im Paradies, denkt Susi. Ihre Hände greifen zärtlich in das zertretene, geknickte Gras. Aber es ist doch Gras, grünes Gras ... Man kann gar nicht mehr glauben, daß es eine Schreibmaschine gibt.

»Zu meinem Urlaub komm' ich jeden Tag her«, schwört Mitzi. »Schon um 8 Uhr früh werd ich hier sein, und erst am Abend geh' ich wieder weg.«

»Wohin fährst du im Sommer, Egon?« Robert dreht sich faul vom Rücken auf den Bauch.

»Wahrscheinlich in die Dolomiten! Ich muß mit den Eltern fahren!«

Heuer werde ich noch keinen Urlaubsanspruch haben, denkt Susi. Schad! Ich wär' gerne mit der Mitzi jeden Tag ins Bad gegangen. Jeden Tag. Viele, heiße Sommertage ...

»Komm Susi, auf, auf! Gehen wir ein Eis essen!«

»Eis?« fragt Susi, sie blinzelt in das grelle Licht. »Eis, Zitroneneis ...«

Im Juli fährt Egon wirklich weg. Mit den Eltern in die Dolomiten. Er schenkt Susi zum Abschied eine Handtasche.

»Schön, elegant!« sagt die Mitzi.

»Ein Geschenk«, erklärt Susi der Mutter.

Frau Urban betrachtet nachdenklich die Tasche. »Sehr schön ... eine Handtasche kann man ja annehmen. Das ist nichts Unpassendes.«

Nein, eine Handtasche ist nichts Unpassendes, aber Egons Briefe läßt sich Susi doch lieber ins Büro schicken. Denn vielleicht kommt die Mutter einmal auf die Idee, neugierig zu sein ... Und dann gibt es doch die große Schwester Berta! Berta verbringt zwar ihre Abende bei spiritistischen Séancen, und die unwürdigen Erdenangelegenheiten werden für sie immer unwichtiger, aber ein Brief an die jüngere Schwester könnte vielleicht doch vorübergehend ihr Interesse erwecken.

Und dann kommen tatsächlich Egons Briefe:

»Liebstes Mädel!

Hier ist es wunderschön. Schade, daß Du nicht hier bist. Es sind ganz nette Leute da. Auch junge. Abends geh' ich manchmal tanzen. Wie geht es Dir? In Wien muß es ja jetzt höllisch heiß sein. Sekkiere doch Deinen Alten, daß er Dir Urlaub gibt. Wenigstens ein paar Tage.

Schreib bald, mein Schatz, mir ist sehr bang nach Dir.

Sei schön brav!

Viele Bussis

Dein treuer Egon.«

So sehen fast alle Briefe aus! Und Susi hatte sich doch so darauf gefreut, Liebesbriefe zu bekommen. Das ist doch gar nichts, denkt sie enttäuscht, wenn man die Busserln wegstreicht, kann es sogar die Mutter lesen.

»Kannst du mir nicht zärtlicher schreiben?« fragt sie in ihrem Antwortbrief. Und Egon antwortet: »Liebes Mädel! Ich bin kein Lyriker. Zärtlich bin ich lieber persönlich!«

Dabei darf man an das Kapitel Liebe gar nicht so viele Gedanken verschwenden, denn da sind die Bürosorgen, die schrecklichen Bürosorgen! Wie kann man von ein paar Tagen Urlaub sprechen, wenn man jeden Tag Angst haben muß, die Stellung zu verlieren. Die Frau Doktor ist mit den Kindern aufs Land gefahren, und Susi ist mit dem wütenden Doktor Müller allein. »Ich habe leider meiner Frau versprechen müssen, daß ich bis zum Herbst die Geduld mit Ihnen nicht verlieren werde ...«

Über all das darf man aber mit niemand sprechen. Diese Angst vor dem nächsten Bürotag darf keiner ahnen. Manchmal flüstert sie des Nachts in ihr Kopfkissen: »Das ist kein Beruf für mich ...« Aber sie erschrickt bei diesen Worten, auf die es keine Antwort gibt. Denn was ist dein Beruf, Susi Urban? Darf von deinen allerheimlichsten Träumen, in denen du Knödel kochst, Fleisch brätst und Torten bäckst, überhaupt die Rede sein. Manchmal siehst du dich in einer Küche stehen, die Töpfe rücken und verzweifelnd auf die Uhr blicken, weil das Essen schon fertig ist, während der Mann Egon noch immer nicht nach Hause kommt ...

Der Mann Egon ... wie lächerlich, davon nur zu träumen! Was ist ein Beruf für dich, Susi Urban, die du so gerne eine Frau sein möchtest und die erlernen muß, eine tüchtige Bürokraft zu werden!

Ende August kommt Egon nach Wien zurück. Er ist braungebrannt und noch viel hübscher geworden. »Schlecht schaust du aus, Kleine«, ruft er lachend. »Na, das wird jetzt anders. Jetzt werden Ausflüge gemacht ... So, und da ist das Mitgebrachte! Hübsch, was?«

»Ein Spiegel?«

»Ja, aber was für einer! Venezianische Arbeit!«

»Du bist lieb. Ich dank' dir schön.«

»Der Kuß wird vorgemerkt und bei Gelegenheit einkassiert ... So, und jetzt gehen wir Eis essen.«

»Wohin?«

»In den Stadtpark.«

Wenn man mit einem hübschen Freund im Stadtpark bei Eiskaffee mit Schlagobers sitzt, geht es einem doch gut, überlegt Susi. Sicher geht es mir gut, und sie betrachtet Egon. Aber sie weiß: Gut ginge es ihr erst, wenn sie Egon erzählen könnte, welche Angst sie vor dem morgigen Bürotag hat ...

»Wer war das?« fragt Susi.

»Wer?«

»Die du da gegrüßt hast ...«

»Gegrüßt? Meine Eltern ...«

Susi sieht dem Ehepaar nach, das soeben den Garten verläßt. Egons Eltern?

»Eine junge Mutter hast du.«

»Gefällt sie dir?«

»Oh ja ...«

»Deine Mutter ist älter?« fragt Egon höflich. Es ist eigentlich nicht anzunehmen, daß es ihn wirklich interessiert.

»Meine Mutter ist viel älter ...« Susi stockt. Mein Bruder ist ja jetzt schon 30, wollte sie sagen, aber sie sagt es nicht. Egon weiß ja gar nicht, daß sie einen Bruder hat ... Egon weiß vieles nicht.

In diesen heißen Augustnächten, in denen Susi so schlecht schläft, von den Sorgen bedrängt: Was werden soll ... denkt Susi auch manchmal an Egon. An den Egon, den sie kennt, und an den fremden Mann Egon Lambert, der bei seinen jungen, eleganten Eltern wohnt. Sie stöhnt leise, so unvorstellbar ist es, was dieser Egon Lambert macht, wie er lebt und was er denkt, was er hofft und träumt. Fast möchte sie weinen, wenn ihr einfällt, daß diese fremden, feinen Leute, die mit kühlem Gruß im Stadtpark vorübergegangen sind, seine Eltern sind, denen er Mutter und Vater sagt.

Und manchmal, wenn sie sich erinnert, was Luise und Mitzi sie gelehrt haben: Daß ein Mädel heutzutag' nur durch ein Wunder heiraten kann, daß so ein armes Geschöpf wenigstens seine Jugend genießen soll, wenn sie sich erinnert, welch gruselig-wohlige Erwartungen solche Reden in ihr hervorgerufen haben, fragt sie sich staunend und zweifelnd: Genieße ich jetzt meine Jugend?

Sie genießt ihre Jugend. Sie genießt es dankbar, daß es doch jeden Tag Abend wird, so unwahrscheinlich es ihr morgens auch vorkommt. Ach, welch eine Freude, die Schreibmaschine zuzuklappen und mit schüchternem, verlegenem Gruß die Kanzlei Dr. Erich Müller zu verlassen. Sie bleibt auf der Straße stehen und atmet tief auf.

Es gibt Abende, ungefähr drei in der Woche, an denen ein hübscher, junger Mann auf sie wartet. Und es gibt, welch unwahrscheinliches Wunder: Sonntage!

Manchmal legt Egon seine braune, gepflegte Hand auf ihren blonden Kopf und sagt: »Kleines Mädel ...«

Susi denkt: Das ist die Liebe. Die Liebe.

Es ist Anfang September, die sommerlich warmen Tage werden kürzer. Susi hat ihre Arbeit bei Dr. Erich Müller noch immer nicht verloren. Ihr Pflichtenkreis jedoch ist unbestimmt. Fast täglich sagt Dr. Müller: »Ich habe heute eine wichtige Sache, ich werde meiner Frau diktieren, gehen Sie zu den Kindern, Fräulein Urban.«

Susi Urban springt eilig und gehorsam auf: »Gewiß, Herr Doktor.«

Und Frau Anna Müller flüstert: »Ziehen Sie die Kinder an, und gehen Sie in den Park mit ihnen, vor 1 Uhr brauchen Sie nicht zurück zu sein.«

Susi verläßt dann frohen Herzens die schmetternde Diktatstimme Doktor Müllers und eilt durch das Wartezimmer, durchquert die Wohnung und gelangt in das Zimmer, das hellblau, weiß und licht von zwei kleinen Mäderln bewohnt wird, die Susi mit lauten Rufen begrüßen: »Fräulein, erzähl uns was, spiel mit uns!«

Es kommt auch vor, daß Frau Anna Müller in den Nachmittagsstunden im Büro erscheint, wenn der Herr Doktor etwa diktieren will, »was rasch geschrieben werden muß.«

»Die Kinder schlafen noch, Fräulein, bitte, stopfen Sie die Strümpfe, die in meinem Zimmer liegen. Ich hab der Marie gesagt, sie soll Ihnen einen Kaffee geben. Und wenn die Kinder aufwachen ...«

»Gewiß, gnädige Frau«, und Susi geht in das hübsche Zimmer der Frau Anna Müller, setzt sich mit viel Vergnügen auf die weiche Couch und stopft mit Andacht die weichen, hauchdünnen Strümpfe.

Die Köchin Marie kommt mit Kaffee. »Zwei Buttersemmeln habe ich Ihnen auch gebracht, Fräulein Susi, und ein Stückl Mehlspeis' vom Mittag.«

»Sie sind so lieb zu mir, Fräulein Marie.«

Susi ißt mit Dankbarkeit die gute, kleine Mahlzeit. Die Wurstbrote in der Mittagspause haben ihren Hunger durchaus nicht gestillt.

»Wie Sie stopfen können, wie fein und regelmäßig«, bewundert Marie die Arbeit. »Sind Sie überhaupt geschickt im Häuslichen?«

»Oh ja. Ich glaub' schon.«

»Und mit den Kindern können Sie so gut umgehen ... Sie sollten heiraten, Fräulein Susi, das wär' das Beste für Sie!«

»Heiraten? Aber, Fräulein Marie, ein armes Mädel, heutzutag' ...«

»Na, und warum nicht? Wenn man Glück hat ...?«

»Glück?« Susi wiederholt fassungslos das nie gehörte Wort. »Glück?«

»Ja, natürlich, Glück! Jeder Mensch hat Anspruch auf ein bissel Glück. Wissen S' denn das nicht?« philosophiert die brave Marie.

Glück ..., denkt Susi. Natürlich, das ist es, Glück! Und eine kühne Hoffnung wird wach in Susi, denn wenn jeder Mensch Anspruch hat auf ein bissel Glück, dann sicher auch sie, Susi Urban.

Susi holt abends vor dem Einschlafen ihren schamhaft verborgenen Traum hervor, in dem sie, Susi, am Herd steht, in der eigenen Wohnung. Die Küche ist hell und schön, so wie die in der Wohnung der Frau Anna Müller, nur natürlich ein bissel kleiner ... Sie kocht Suppe, Fleisch, Gemüse und Mehlspeise. Rot vor Aufregung öffnet sie das Backrohr, um nachzusehen, »was der Strudel macht«. Es ist schon 1 Uhr, und der Mann wird bald nach Hause kommen. Da knarrt auch schon der Schlüssel, Egon ruft aus dem Vorzimmer: »Jö, da riecht es gut«, und Susi antwortet triumphierend: »Es gibt auch was Gutes zum Essen.«

Susi schmiegt sich lächelnd in die Polster und schläft friedlich ein.

»Gott sei Dank, schon Donnerstag! Nur noch drei Arbeitstage und dann ist Sonntag.«

Susi kommt jeden Tag früher, als sie müßte, ins Büro, weil ihre Wochenkarte für die Tramway nur vor 8 Uhr morgens gültig ist. In dieser freiwilligen Arbeitszeit hilft sie der Frau Doktor die Kinder anziehen und füttern, bekommt selbst ein Frühstück, das kräftiger und ausgiebiger ist, als das zu Hause. Sie ist auch gerne bereit, das Kinderzimmer aufzuräumen, wenn Marie keine Zeit dazu hat.

Heute trifft sie nicht wie sonst die Frau Doktor im Kinderzimmer, sondern Marie.

»Gott sei Dank, Fräulein, daß Sie da sind!

Die Fratzen wollen nicht folgen. Ich bitt' Sie, bringen Sie der Lotti bei, daß sie ihr weiches Ei ißt. Ich hol' Ihnen inzwischen rasch eine heiße Schale Kaffee und ein Schinkenbrot. Oder wollen Sie auch lieber ein Ei essen?«

»Aber wo ist denn die Frau Doktor heute?«

»Die Frau Doktor ist in ihrem Zimmer und weint«, flüstert Marie im Vorbeigehen.

»Ja, aber warum?«

Marie zuckt vielsagend die Achseln. »Feine Leut' haben auch ihre Sorgen ...«

»Das glaub' ich nicht!« ruft Susi. Das kann sie auch nicht glauben. Denn wie kann eine Frau in dieser schönen Wohnung mit ihrem Mann und ihren Kindern leben und Sorgen haben? Das ist undenkbar und unglaublich.

Langsam vergeht also dieser Donnerstag, an dem Frau Anna Müller unsichtbar bleibt und den Susi in der Kanzlei mit einem besonders bös gelaunten Chef verbringen muß.

Müde, mit schmerzendem Rücken verläßt Susi an diesem Abend das Haus in der Wiedner Hauptstraße. Sie sieht sich suchend nach Egon um. Die Straße ist leer. Unsicher geht sie ein paar Schritte. Er wird doch noch kommen? Schließlich jeder Mensch kann sich einmal verspäten. Sie bleibt stehen und betrachtet ein Schaufenster. Die Gegenstände hinter dem Glas verschwimmen vor ihren Augen. Wieviel Zeit mag inzwischen vergangen sein? Fünf Minuten, zehn Minuten? Na, jedenfalls muß man noch warten. Ob man bei Egon anruft? Vielleicht ist er krank geworden ... Aber anrufen möchte Susi nicht. »Bitte, ist Herr Egon Lambert zu Hause?« überlegt sie. Vielleicht heißt sein Vater auch Egon, dann muß man den jungen Herrn Lambert verlangen ...

»Wer spricht?« wird die Stimme der jungen Mama fragen. »Hier Susi Urban!« Oder nein, es ist vielleicht besser, Susanne Urban zu sagen, das klingt erwachsener. »Wer?« Egons Mama hat diesen Namen ja noch nie gehört ...

Nein, beschließt Susi endgültig und unwiderruflich, nein, ich werde nicht anrufen.

Ich werde ein bißchen zu Fuß gehen, denkt Susi. Man muß einmal Luft schnappen, wenn man den ganzen Tag im Büro gesessen ist. Bei der Paulanerkirche werde ich einsteigen ...

Die Straßenbahn bleibt quietschend stehen. Egons brauner Kopf beugt sich suchend heraus. »Egon!« ruft Susi. Die Straßenbahn beginnt bereits langsam zu fahren. Egon drängt einen Passagier zur Seite und springt ab. »Das hätten S' Ihnen aber auch früher überlegen können«, ruft der Herr ...

»Daß ich dich noch erwischt hab«, Egon ist atemlos. »Verzeih die Verspätung!«

»Die Hauptsache ist, daß du da bist«, Susi streichelt seine Hand. Eine große Last ist von ihr gewichen. Sie kann wieder frei atmen. Das Leben ist unendlich schön.

»Wo warst du denn so lang?« fragt sie im Weitergehen.

»Eine geschäftliche Verabredung … Also, gehen wir in ein Kaffeehaus. Es wird gleich regnen.«

Geschäftliche Verabredung? wundert sich Susi. Seit wann macht denn Egon Geschäfte?

»Na, und wie ist es dir ergangen?« spricht Egon hastig weiter.

Dann im Kaffeehaus ist Egon sehr schweigsam. »Du verzeihst, wenn ich ein paar Zeitungen lese?« fragt er.

Die Hauptsache ist es ja, daß er gekommen ist, daß er da ist. Reden muß er ja nicht unbedingt.

»Was werden wir denn am Sonntag machen?« fragt Susi in einer kleinen Pause zwischen zwei Zeitungen. »Gehen wir in ein Bad, oder machen wir einen Ausflug?«

»Sonntag?« Egon sieht geistesabwesend auf. »Sonntag? … Ja, richtig, was ich dir sagen wollte, Sonntag habe ich leider keine Zeit.«

»Das ist aber schad.«

»Sonntag kommen ein paar Leute zu mir … ein paar Freunde …«

»Aha.«

»Ja, ich habe Geburtstag, und meine Eltern bilden sich jedes Jahr ein, daß man das feiern muß.«

»Du hast am Sonntag Geburtstag? Wer kommt denn da zu dir?«

»Ein paar Freunde, Kollegen und auch Kolleginnen … so halt irgendwie …«

»Wie alt wirst du denn am Sonntag?«

»22.«

Eigentlich sollt' ich ihm jetzt zum Geburtstag gratulieren, denkt Susi. Aber ich kann nicht, ich kann jetzt nicht reden. Es kratzt mich so im Hals. Es ist schad, daß er seinen Geburtstag nicht mit mir verbringt. Schad, daß er nicht auch mich einladen kann ... Susi ist jetzt wieder so traurig wie eine Stunde vorher auf der Wiedner Hauptstraße vor dem Schaufenster. Plötzlich sieht sie dieses Schaufenster wieder ganz deutlich vor sich. Ledergalanteriewaren liegen dort. Gürtelchen, Handtaschen ...

»Sag, wissen deine Eltern eigentlich was von mir?« fragt Susi plötzlich, unvermittelt.

»Wie meinst du das?«

»Ich mein', wissen sie, daß ich auf der Welt bin?«

»Na ja, mein Gott ... daß du auf der Welt bist ... Sie werden sich schon denken, daß ich eine Freundin hab' ... Das ist ja klar. Sie haben dich ja auch einmal gesehen mit mir im Stadtpark ...«

»Aber du kannst ihnen nicht einfach sagen, daß du mich auch eingeladen hast.«

»Ich glaub', das geht nicht gut«, sagt Egon verlegen, »schließlich die anderen Mädels, die kommen, kennen ja meine Eltern ...«

»Nein, das geht nicht gut.«

Es ist kein Wort mehr über diese Sache zu verlieren. Es geht nicht gut ... Plötzlich denkt Susi: Ich hab' kein Glück auf dieser Welt. Und sie wundert sich, daß sie diesen Satz nicht schon viel früher, viel öfter gedacht hat. »Susi, woran denkst du, wovon träumst du?« hat die zankende Stimme des Onkels, die klagende der Mutter gefragt. Vom Glück träume ich, antwortet sie verspätet den beiden, vom Glück, das ich nicht hab'.

»Vielleicht gehen wir jetzt schon nach Hause«, schlägt Egon vor. »Ich muß morgen zeitig aufstehen.«

»Ja, gehen wir nach Hause. Ich muß jeden Tag zeitig aufstehen ...«

Den trübseligen Sonntag verbringt Susi mit der Freundin Mitzi. »Mich haben s' heut auch sitzen lassen«, erzählt die Mitzi. »Na, mach' dir nix draus. Es wird eh stinkfad sein bei den feinen Leuten.«

»Ich mach' mir ja nix draus«, sagt Susi und geht mit Mitzi ins Kino.

Mittwoch abends wird Egons Geburtstag noch einmal gefeiert. Beim Heurigen! Und diesmal ist Susi dabei. Auch die Mitzi ist eingeladen und auch die anderen, die die Susi seit der Silvesterfeier kennt.

Es ist ein warmer Spätsommerabend in Grinzing. Die junge Gesellschaft sitzt um einen großen Gartentisch und bemüht sich ernsthaft, bald einen Schwips zu bekommen. Mit lauten Stimmen singen sie mit der Heurigenmusik: »Trink, trink, Brüderlein trink, lasse die Sorgen zu Haus ...«

Egon hat den Arm um Susis Schulter gelegt. Seine Wange schmiegt sich weich an die ihre.

Ja, die Sorgen, denkt Susi, wenn man die nur immer zu Hause lassen könnt', wenn man wollt'. Aber sie singt brav mit den anderen mit fast ebenso laut und fast ebenso falsch.

»Hast du eigentlich auch Sorgen, Egon?« fragt sie. Und staunend muß sie zugeben, daß einem das Reden so leicht wird, wenn man zwei Gläser getrunken hat.

»Sorgen? Und ob! Du glaubst vielleicht, ich besteh' die Prüfungen ohne Sorgen ...«

»Ja, natürlich die Prüfungen«, sagt Susi mit Hochachtung. »Na, und sonst?« fragt sie weiter.

»Und sonst?« wiederholt Egon ohne Verständnis. »Und was sonst?«

»Ob du sonst noch Sorgen hast?«

Aber Egon hat offenbar die kleine Unterhaltung schon ganz vergessen. Susi hat gar nicht bemerkt, daß er inzwischen mit Mitzi ein angeregtes Gespräch begonnen hat. Mitzi sitzt plötzlich neben Egon ... Wieso denn? Sie ist doch auf der anderen Seite des Tisches gesessen. Und Egon hat jetzt seinen Arm auch um Mitzis Schulter gelegt.

»Wo kommst denn du her?« fragt Susi erstaunt. »Du bist doch ganz wo anders gesessen?«

»Andere Leut' sehen doppelt, wenn sie einen Schwips haben, die Susi sieht gar nix.«

Susi lacht zu Mitzis Worten verlegen. Sie lacht nur mit, weil die anderen so laut lachen. Mir scheint, ich hab' wirklich einen Schwips, denkt sie erstaunt. Sie hat noch nie einen Schwips gehabt, und sie wartet erregt und gespannt auf die Sensationen, die ihr bevorstehen. Sie denkt daran, wie leicht es ihr vorhin gefallen ist, Egon nach seinen Sorgen zu fragen. Sie wünscht sich, wenigstens heute, an diesem einen Abend, so frei und leicht reden zu können wie die Mitzi. Und sie hofft, durch das Wunder des Schwipses einmal so witzig und schlagfertig zu sein und Sachen zu sagen, die die Leute zum Lachen bringen.

»Was machst du heut für ein trauriges Gesicht? Geh, trink doch!« ruft Egon. Er zieht den Arm von ihrer Schulter, um die Weinflasche zu ergreifen. Susi trinkt gehorsam den Wein, den man ihr reicht. Sie wartet dösig ein paar Minuten auf Egons Arm, der auf ihre Schulter zurückkehren soll. Sie wendet den Kopf nach Egon, aber sie sieht gleich wieder fort, denn sie hat festgestellt, daß Egon momentan keinen Arm für sie frei hat. Er hat beide Arme um Mitzi geschlungen, und die beiden küssen einander, pausenlos.

Susi fühlt mit Beschämung, daß sie sich kränkt. Sie weiß, daß das nicht »fesch« ist, sie weiß, daß ihr Verachtung dafür gebührt, für dieses schreckliche Gefühl in ihrem Herzen. Es ist die verpönte Eifersucht.

»Jö, Suserl, was bist denn so still?« ruft Mitzis schwankende Stimme. »Susi, bist am End' eifersüchtig?«

»Aber geh, hör' auf! Eifersüchtig!« antwortet

Susi entrüstet, die weiß, was sich schickt.

»Eigentlich war ja der Egon eh zuerst meine Eroberung«, verkündet die Mitzi der ganzen Gesellschaft.

»Ja, wieso denn?« fragt man lachend.

»Na, weil er mich angesprochen hat, am hellichten Mittag, am Karlsplatz ... und dann hat ihn mir die Susi weggeschnappt bei der Silvesterfeier.«

»Aber Mitzi«, murmelt Susi verlegen. Sie ist feuerrot geworden.

»Na, komm her, du Wegschnapperin!« Egon küßt sie laut und schallend auf beide Wangen.

»Ich glaub', mir ist nicht ganz gut.« Susi reißt die Augen krampfhaft auf, um das Weinen zu verhindern. Sie macht sich von Egon frei und geht möglichst gerade durch den Garten.

Ich erlern' das Feschsein nie, nie, denkt Susi im Laufe dieses Abends einigemal verzweifelt. Sie sitzt zwar mit einem Freund Egons eingehängt, sie erträgt es auch geduldig, daß dieser fremde, gleichgültige Herr Hausmann an ihrer Seite mit ihr Bruderschaft trinkt, aber sie vermeidet es ängstlich, Egon und Mitzi zu beobachten. Sie überwindet sich sogar dazu, die Küsse dieses Herrn Hausmann zu erwidern, kurz, sie tut alles, um »keine fade Nocken« zu sein, aber wirklich fesch ist sie natürlich nicht.

»Ja, dazu muß man geboren sein«, teilt sie Herrn Hausmann um 1 Uhr nachts philosophisch mit.

»So ist es«, murmelt Herr Hausmann besoffen,

»so ist es! Geboren muß man sein. Wenn einer nicht einmal geboren ist, der kann überhaupt nicht mitreden.

So traurig wie heut Nacht war ich schon lang nicht, denkt Susi, und das muß mir ausgerechnet bei einem Heurigen passieren.

»Ich hab immer geglaubt, ein Heuriger ist lustig«, sagt sie vorwurfsvoll zu Herrn Hausmann.

»Sehr lustig, sehr lustig«, pflichtet Herr Hausmann begeistert bei. »Sehr lustig und froh ... lustig und froh ...! Tiroler sind lustig und froh.«

»Wer behauptet das?« fragte Egon störrisch.

»Die Susi behauptet dieses, und die Susi lügt nicht.«

»Nein, die Susi lügt nicht«, gibt Egon zu, »aber ich bin jetzt gar nicht lustig und froh, denn ich muß zahlen. Zahlen!« ruft Egon laut, »zahlen!«, und er schwenkt seine Brieftasche.

»Hoffentlich hat dir dein Vater genug Geld mitgegeben?« fragt Herr Hausmann besorgt.

Lachend und ein wenig schwankend erhebt man sich. Hüte werden gesucht, verwirrte Köpfe stoßen aneinander. »Au weh!« und »Oh, Pardon!« ruft man, und dann fragt man noch ein paarmal: »Sind wir soweit?«, und endlich sind sie wirklich soweit.

Susi strebt unbemerkt in die Nähe Egons. Sie steht plötzlich möglichst harmlos und unauffällig neben ihm. Sie bleibt neben ihm, wie sich der kleine Trupp in Bewegung setzt. Egon nimmt mechanisch ihren Arm. Auf der anderen Seite geht die Mitzi.

»Mir ist mein Mädchen abhanden gekommen«, klagt irgendwo Hausmanns Stimme.

»Nimm dir doch ein anderes Mädchen«, wird er getröstet, »es sind ja so viele hier«.

Susi ist es, als hätte sie Egons vertraute Hand seit Jahren nicht mehr gespürt, von einer langen Reise zurückgekehrt, ist diese verloren geglaubte Hand endlich wieder hier. Sie streichelt sie vorsichtig, ohne Egon anzusehen, getröstet, fast glücklich, beginnt sie langsam daran zu glauben, daß »es heute sehr lustig war«.

»Ich rufe dich im Büro an!« hat Egon beim Abschied hastig gerufen. Das war Mittwoch nachts. Der Autobus hatte sich schon schwankend in Bewegung gesetzt. Susi und Mitzi standen winkend auf der Plattform. »Wann sehen wir uns, Egon?«

»Ich rufe dich im Büro an!«

Heute ist es Samstag, 7 Uhr. Egon hat nicht angerufen. Susi schließt langsam die Schreibmaschine. Zum ersten Mal fällt es ihr schwer, vom Büro wegzugehen. Vielleicht ruft er gerade fünf Minuten nach 7 Uhr an?

»Fehlt Ihnen was, Fräulein?« fragt Doktor Müller gereizt. »Sie haben so langsame Bewegungen ...«

Susi wird rot. Seit zehn Tagen läßt sich Frau Anna Müller in der Kanzlei nicht blicken. Susi wird oft angeschrien in diesen Tagen.

»Lang wird das ja so nicht mehr weitergehen mit uns beiden«, sagt Dr. Müller immer öfter. Und die tröstenden Worte der lieben Frau Doktor fehlen sehr.

»Marie, was ist denn mit der Frau Doktor?« fragt Susi im Vorzimmer verzweifelt.

»Sie trotzt mit dem Herrn Doktor. Na, aber machen S' Ihnen nichts draus, Fräulein, wie lang kann's denn noch trotzen? Sie is' ja mit ihm verheirat', in längstens einer Woche muß sie wieder mit ihm gut werden.«

Ungetröstet und bedrückt geht Susi nach Hause. Wozu soll es morgen Sonntag werden, wenn Egon nicht angerufen hat?

»Jetzt ist mir alles eins«, sagt Susi laut. Sie bleibt vor dem Haustor stehen und sieht sich um. Nein, es ist niemand hier. Egon hat sie nicht abgeholt. »Jetzt ist mir alles eins. Jetzt ruf' ich ihn an«, beschließt Susi. Sie geht, ohne nachzudenken, in den nächsten Telephonautomaten. Ihre Hände zittern vor Angst, sie blättert im Telephonbuch ... Lam ... Lambert Hugo (Henriette), Wien, 13. Bezirk, Auhofstraße. Das ist sein Vater. Sie hat unvorstellbare Angst davor, Egon in dieser weltfernen Wohnung in Hietzing anzurufen. Vielleicht sollte ich es nicht tun, denkt sie. Sie läßt die Münzen wieder in ihr Täschchen gleiten und denkt: Ich tu's nicht.

Aber dann, ganz plötzlich hat sie doch angerufen. Sie hört das summende, gleichmäßige Geräusch an ihrem Ohr ... Vielleicht ist niemand zu Hause, denkt sie erleichtert. Aber auf einmal fragt eine Stimme: »Hallo ...?«

»Hallo!« ruft Susi stockheiser. Sie stellt sich auf die Zehenspitzen, um besser in die Muschel sprechen zu können. Es ist ja lächerlich, wie klein sie ist!

»Hallo, bitte, kann ich Herrn Egon Lambert sprechen?«

»Ich bin am Apparat«, sagt die höfliche Telephonstimme. »Wer spricht?«

Susi hat sich kein Konzept gemacht, sie weiß jetzt nicht, was sie mit Egon sprechen soll.

»Hier ist Susi«, sagt sie verlegen.

»Servus, Susi!« sagt Herr Egon Lambert sehr höflich. »Wie geht es dir?«

»Warum rufst mich gar nimmer an? Du hast doch gesagt, du wirst mich anrufen!«

»Ich habe leider keine Zeit gehabt. Nächste Woche rufe ich dich bestimmt an.«

»Nächste Woche ... Was machst du denn morgen? Morgen ist doch Sonntag?«

»Morgen bin ich eingeladen, aber, wie gesagt, nächste Woche rufe ich dich an. Wie geht es dir denn immer, Susi?«

»Wann nächste Woche?«

»Na, Dienstag oder Mittwoch ...«

»Bestimmt?«

»Ganz bestimmt! Auf Wiedersehen, Suserl!«

Der Hörer wird aufgelegt. »Servus!« sagt Susi in den tauben Apparat.

Nächste Woche, Dienstag oder Mittwoch, denkt sie. Sie geht zu Fuß zur Paulanerkirche. Ich komme mir vor, wie wenn ich schon tot wäre, meint die kleine Susi. Er wird mit der Mitzi zusammen sein, überlegt sie. Aber bei diesem Gedanken spürt sie einen schneidenden Schmerz und einen wilden Zorn auf die Mitzi, die sie sofort »das Luder« nennt.

Nein, weiß sie in diesem Moment, ich bin bestimmt noch nicht tot. Und sie wünscht sich, die Mitzi, dieses »falsche Luder, hin und her zu schütteln, bis es blau wird.«

»Die Mitzi war da und hat dich gesucht. Sie hat gesagt, sie kommt um 8 Uhr wieder.«

»So«, sagt Susi nachdenklich. Sie setzt sich zum Nachtmahl und ißt gedankenlos ... Vielleicht kommt er doch nicht mit der Mitzi zusammen, wenn die Mitzi heut hier war ...

»Ist dir nicht gut, Susi?« fragt die Mutter. »Du bist so blaß?«

»Ich bin müd'«, antwortet Susi mechanisch.

»Na, morgen ist ja eh Sonntag«, tröstet die Mutter.

Um 8 Uhr kommt die Mitzi. Sie schaut fesch und schick aus, wie immer. Die Kappe trägt sie ganz schief, so daß eigentlich nur eine Seite bedeckt ist, die Haare sind so kurz geschnitten, daß man die Ohren sieht.

»Du hast eine neue Frisur, Mitzi?«

Mitzi nickt. »Etonkopf ... das Allerneueste. Wie gefällt es den Damen?«

»Es ist ganz hübsch«, sagt Frau Urban zögernd. »Bloß Sie schauen jetzt bald wie ein Bub aus, Fräulein Mitzi!«

»Freilich, Frau Urban, das gehört sich auch so. Wie ein Mädel auszuschauen ist gar nicht mehr modern. Etonkopf, Knabenfigur, so schaut man jetzt aus.«

»Ich hab' Kopfweh, Mitzi, gehen wir ein bisserl spazieren.«

»Komm' nicht zu spät nach Haus«, sagt Frau Urban beim Abschied gewohnheitsmäßig.

»Auf Wiederschaun, Mutter«, antwortet Susi zerstreut. Sie kann es nicht erwarten, mit Mitzi allein zu sein und die »Wahrheit« zu erfahren.

»Gehen wir zuerst auf ein Eis zum Italiener«, schlägt die Mitzi vor.

Susi nickt. Sie denkt angestrengt nach, »wie sie es herauskriegen kann«.

Sie gehen in den »Gefrorenes-Salon Fortunato Pestazzi«.

»Zweimal gemischt mit Schlag«, bestellt die Mitzi elegant. »Ich führ' dich aus.«

Susi nickt.

»Sag, warum redest du heut kein Wort? Hast noch immer Kopfweh?«

»Mitzi«, sagt Susi flehend, »Mitzi, wenn ich dich etwas frage, wirst du mir die Wahrheit sagen?«

»Na, du gefällst mir! So oft hab ich dich schon angelogen? Bitte, bedien dich. Willst du ein Wafferl zum Eis?«

»Mitzi, bitte, sag mir die Wahrheit. Es ist mir ja ganz egal, aber ich muß es wissen ... Warst du mit dem Egon zusammen seit ... seit dem Mittwoch?«

»Susi, du spinnst, mein Ehrenwort! Mit deinem Egon ... Du bist eifersüchtig, wegen der paar Busserln am Mittwoch beim Heurigen ... Du bist eine blöde Gans!«

Susi wehrt sich nicht gegen die »blöde Gans«.

»Sag, Susi, habt ihr gestritten, du und der Egon?«

Susi schüttelt den Kopf. Sie holt ihr Taschentuch hervor und schneuzt sich heftig. »Ich hab ihn ja gar nicht gesehen seit Mittwoch«, sagt sie dann mit möglichst klarer Stimme.

»Ah so! Na – und morgen?«

»Heut hab ich mit ihm telephoniert. Er ist morgen eingeladen, hat er gesagt.«

»Iß dein Eis«, sagt Mitzi streng, »es zergeht dir ja alles! So, und jetzt sag du mir die Wahrheit! Wer hat angerufen: du oder er?«

»Ich!« gibt Susi widerwillig zu.

»Das war ein Blödsinn! Das hättest du nicht tun sollen! Und was hat er gesagt am Telephon?«

»Er hat die ganze Woche keine Zeit gehabt, und morgen ist er eingeladen. Nächste Woche wird er mich anrufen. Dienstag oder Mittwoch ...«

»Na ja, ein Mädel steckt dahinter! Da hast du schon recht. Aber daß du geglaubt hast, daß ich es bin! Eine feine Freundin bist du!«

»Na, warum am Mittwoch?« Susi hat plötzlich Lust, einen Streit anzufangen.

»Busserln beim Heurigen zählen nicht!« wehrt Mitzi entschieden ab. »Aber futsch ist futsch, das stimmt schon. Kränk dich nicht, Susi, sei gescheit! Hauptsache ist, man hat Arbeit und ist gesund. Die Männer darf man nicht ernst nehmen. Wann hat denn die Geschichte angefangen zwischen Egon und dir?«

»Silvester, du weißt es ja eh!«

»Na, ich bitt' dich, acht Monate! Das ist ja eh lang genug für die ewige Liebe. Was hast denn geglaubt?«

Susi wartet auf Egons Anruf. Bei ihrer Büroarbeit, bei den zornigen Reden des Doktor Müller und abends zu Hause beim Strümpfestopfen.

»Na, du bist aber solid in dieser Woche!« staunt die Mutter. »Wahrscheinlich bist du doch schon drauf gekommen, daß ich recht habe und daß der Mensch seinen Schlaf braucht.«

Susi antwortet nicht. Es ist Donnerstag und Freitag geworden, Egon hat nicht angerufen. Susi hat bereits zwei Briefe geschrieben und wieder zerrissen: »Lieber Egon, bist Du bös auf mich? Ich hab Dir doch nichts getan. Du hast doch gesagt, Du wirst anrufen.« – »Lieber Egon, ich bin sehr unglücklich. Jeden Abend bin ich allein, und ich kann mir Dein Stillschweigen gar nicht erklären. Warum hast Du am Telephon so fremd mit mir gesprochen? Waren Deine Eltern zu Hause?«

Wenn so ein Brief geschrieben ist, schämt sich Susi fürchterlich. Sie zerreißt den Brief und denkt: Egon, Egon, Egon! Sie wischt die Tränen aus den Augen und versucht in Mitzis Ton zu denken: Na ja, es ist halt aus! Ich hab ja gewußt, daß es einmal aus sein muß.

»Sie schauen schlecht aus, Fräulein!« sagt Doktor Müller Samstag mittags. »Sie haben zwar noch keinen Anspruch auf Urlaub, aber ich gebe Ihnen acht Tage frei. Erholen Sie sich! Vielleicht werden Sie dann tüchtiger sein ...«

»Oh, Herr Doktor, danke schön! Vielen Dank!«

»Bedanken Sie sich bei meiner Frau!« sagt Doktor Müller mürrisch.

Mit unsicheren Gefühlen tritt Susi ihren Urlaub an. Sie weiß nicht recht, was sie mit diesem Geschenk anfangen soll. Ausschlafen, überlegt sie, nach Schönbrunn gehen ... Ja, wenn Egon mitginge! Egon? Vielleicht ruft er gerade in dieser Woche an, in der sie nicht im Büro ist? Susi schreibt an Egon einen Expreßbrief: »Lieber Egon, bitte, rufe mich nicht im Büro an, weil ich Urlaub habe. Bitte, wenn Du Zeit hast, schreibe mir nach Hause. Herzliche Grüße! Susi.«

Und dann beginnt Susis untätige Woche. »Der Doktor muß sehr zufrieden sein mit dir, wenn er dir einen Urlaub gibt, wo du noch gar keinen Anspruch in dem Jahr hast«, sagt die Mutter glücklich und streichelt die brave Tochter.

Wochentags zu Hause zu sein, ist ein merkwürdiges Gefühl. Sie wacht, wie jeden Tag, um 7 Uhr auf. »Schlaf' weiter«, sagt die Mutter, »schlaf' bis 9 Uhr, das ist gesund!«

Susi dreht sich gehorsam um und schläft weiter. Sie schläft bis 11 Uhr, dann wacht sie todmüde, mit schmerzenden Gliedern, auf.

Die Mutter steht lachend im Zimmer und sagt triumphierend: »Siehst du, wie müd' du warst! Hab ich dir nicht immer gesagt: Schlaf fehlt dir, sonst gar nichts! Na, und jetzt fühlst du dich wie neugeboren, was?«

Nach dem Mittagessen möchte Susi gern Geschirr waschen. Sie wird fast fröhlich beim Anblick des dampfenden heißen Wassers, der Schmierseife und der Soda. Kräftig will sie zugreifen und die Teller und Töpfe blank scheuern, aber die Mutter schiebt sie energisch weg. »Du gehst spazieren! Du hast Urlaub!«

»Und wann hast du Urlaub?« versucht Susi zu widersprechen. Aber dann fügt sie sich ins Unvermeidliche und geht spazieren.

Übrigens geschieht in dieser Woche das, worauf weder wir noch Susi gehofft haben. Von Egon kommt eine Karte: »Liebe Susi! Ich erwarte Dich Donnerstag um 5 Uhr im Café Schottentor. Herzlich Egon.«

Susi hat nicht den Mut, sich mit sich selbst über diese Karte zu unterhalten. Sie fürchtet jedes Zwiegespräch über diese drei Zeilen. Sie ist froh, daß Mitzi nicht hier ist, deren Urteil so hart und unbestechlich ist. Sie legt die Karte in ihre Lade und denkt möglichst leichtfertig: Na, Talent für Liebesbriefe hat er ja nie gehabt!

Aber dann schiebt sie alles beiseite, was Urteil,

Trost oder Angst heißen könnte, sie bittet inbrünstig: Lieber Gott, laß' es endlich Donnerstag Nachmittag sein!

Es wird Donnerstag Nachmittag. Es wird, so unglaublich es ab 4 Uhr auch scheint, 5 Uhr. Es wird sogar fünf Minuten nach 5 Uhr, und da kommt Egon.

»Servus«, sagt Egon, und »heiß ist es noch immer«, und nach einer Weile »du siehst gut aus.«

»Ja«, sagt Susi mit schwacher, kleiner Stimme. Sie betrachtet das lang entbehrte Gesicht ihr gegenüber. Sie findet es unwahrscheinlich schön und unwahrscheinlich fremd.

»Wie geht's dir denn?« fragt sie unbeholfen. Aber sie erwartet keine Antwort auf diese Frage. Warum haben wir uns so lange nicht gesehen? denkt sie. Sie möchte es laut sagen, aber sie schweigt. Sie sieht Egon erwartungsvoll an. Was wird er sagen?

»Ich glaub', ich bin dir noch eine Erklärung schuldig«, Egon sieht an ihr vorbei und läßt seine Finger knacken, wie immer, wenn er verlegen ist. »Du bist doch ein gescheites Mädel«, spricht Egon weise, begütigend und väterlich. In demselben Ton hat Mutter einmal gesagt: »Wein nicht, Suserl, wir werden die Puppe reparieren lassen. Wir tragen sie zum Puppendoktor, und er macht die Puppe wieder ganz.« Damals hat sich Susi um die Ansicht, daß gescheite Mäderln nicht weinen, nicht gekümmert, sie hat laut und durchdringend weiter geheult. Heute erwidert sie nichts auf diesen ermunternden Satz, sie schweigt zu dieser fröhlichen Feststellung.

»Schließlich, wir zwei haben ja nie von ewiger Treue und solchen Dummheiten gesprochen, nicht wahr ...? Und was geschehen ist, war dein freier Wille. Ich habe dich niemals zu irgend etwas überredet, nicht wahr?«

»Ich hab ja nix von dir verlangt?« flüstert Susi. Sie schämt sich, schämt sich grenzenlos.

»Ich weiß, ich weiß Susi, du bist ein anständiger kleiner Kerl, du wirst mir keine Unannehmlichkeiten bereiten ...?«

»Wie?« fragt Susi verwirrt. »Unannehmlichkeiten?«

»Na ja, eben, ich weiß ja«, Egon spricht hastig weiter, »du wirst nie auf die Idee kommen, mich als Verführer und so weiter hinzustellen. So was wär' mir, nebenbei bemerkt, auch nie eingefallen ... Ja, also, du warst immer sehr lieb zu mir, Susi, ich dank' dir sehr! Es war eine schöne Zeit!« Egon bricht erschöpft ab, er kann nicht weiter. Sein Vorrat an Phrasen ist zu Ende. Vielleicht hat er vergessen, was er noch sagen wollte, vielleicht verwirrt ihn Susis Anblick, ihr trauriges, kleines Gesicht, an das er nicht gedacht hat, als er sich seine kluge Rede ersann.

»Du hast dich in ein anderes Mädel verliebt?« fragt Susi einfach.

Egon nickt verlegen. Er zündet sich eine Zigarette an und sagt: »In eine Kollegin«, obwohl ihn niemand darnach gefragt hat.

»Na, also«, sagt Susi. »Na, also.«

»Warum trinkst du deinen Kaffee nicht?«

»Wie? Ach so, den Kaffee ...«

»Um Gottes willen, Susi, du wirst doch hier nicht zu weinen anfangen, hier im Kaffeehaus, vor allen Leuten! Du blamierst mich für ewige Zeiten!«

»Nein, nein«, sagt Susi und schluckt tapfer ihre Tränen, »ich weine ja nicht. Keine Spur.«

»Ich wollte dich nicht kränken. Verzeihe mir!«

Susi sieht auf den Ring hinaus. Auf diese schöne, breite Straße, auf der die vielen Autos fahren und die Leut' so elegant angezogen sind, als wenn alle Tage Sonntag wär' ... Wenn ich nur jetzt ein Jahr lang keinen Menschen sehen müßte, denkt sie: nur niemand sehen und mit niemand sprechen ...

»Nein, du wolltest mich nicht kränken«, sagt sie höflich zu Egon, »du hast es bloß getan.«

»Herr Ober, zahlen«, Egon ruft es mit männlichem Ernst. »Herr Ober, zahlen, aber bitte rasch, ich habe wenig Zeit!«

Der Mutter gelingt es in den letzten Urlaubstagen nicht mehr, Susi von der Hausarbeit fern zu halten. »Susi, nütz' doch deinen Urlaub aus«, sagt sie kläglich. Aber Susi »putzt das Gelbe«. Sie bearbeitet mit Sidol alles, was aus Messing ist und von Rechtswegen zu glänzen hat.

»Laß mich, Mutter«, sagt sie, »laß mich, es tut

mir gut, bissel rumzuwirtschaften, wenn ich nicht bei der öden Schreibmaschine sitzen muß.«

»Und Verabredung hast du keine?« fragt die Mutter schüchtern.

»Nein, in dieser Woche nicht.«

Sie hat auch in der nächsten Woche keine Verabredung. Selbst mit der Freundin Mitzi geht sie nicht mehr ins Kino oder Eis essen.

»Ich bitt' dich, was hat es denn gegeben mit deinem Egon?« fragt die Mitzi. »Was hat der denn gesagt, der Hallodri?«

»Darüber kann man nicht reden.«

»Du nimmst das Leben zu ernst, Susi, glaub einer alten Freundin.« Mitzi hat ein kleines mageres Gesicht. Wenn sie nicht lacht oder spricht, hat sie zwei scharfe Falten um den jungen Mund und traurige Augen. Vielleicht ist es eine große Anstrengung, das Leben so leicht zu nehmen?

»Die Männer sind zum Unterhalten da, Susi, sonst zu gar nix!«

»Zum Unterhalten? Feine Unterhaltung! Da geh' ich lieber ins Kino, da weiß ich gleich im vorhinein, daß das Ganze nicht wahr ist.«

»Susi, du bist ein Narr!« Mitzi kämpft mit einem Hustenanfall.

»Du hustest ein bissel viel. Hast du dich noch nicht untersuchen lassen?«

»Wozu? Dann sagt der gescheite Herr Doktor: Lungenspitzenkatarrh ... Höhenluft ... Na, ich werd halt auf die Bank gehen, 1000 Schilling abheben und in die Schweiz fahren, nicht wahr?«

»Aber du kannst dich doch von der Krankenkasse wegschicken lassen?«

»Damit ist mir g'holfen! Daß ich meine Arbeit verlier' was? Wenn du noch eine Arbeit hast, dann danke Gott und sei zufrieden, nicht allen auf dem Erdenrund ist dieses hohe Glück beschieden! Na, wenn du dir's überlegt und von deinem Einsiedlerleben genug hast, ruf' mich im Geschäft an. Ich führ' dich in meine Gesellschaft ein ...«

Die Susi hat aber keine Lust, in Mitzis Gesellschaft eingeführt zu werden (wo sie bloß schon wieder eine Gesellschaft gefunden hat!). Es fällt ihr schwer, mit Menschen zu sprechen. Es ist ja alles nicht wahr, was die Leut' zusammenreden, denkt sie, alles ist nicht wahr! Die Luise, die Mitzi, die Berta, der Egon ..., da soll sich ein Mensch auskennen! Bloß mit niemandem was reden, die Leut' machen einen ganz wirr und blöd ...

Es fällt ihr auch schwer, die Abende allein mit der Mutter zu verbringen. Die Mutter ist eine alte, kleine Frau geworden, die viel seufzt, wenig spricht und der Susi in klagendem Ton Vorwürfe macht. Vorwürfe, wie spät sie früher nach Hause gekommen ist, wie zeitig sie jetzt heimkommt. »Tu nicht deine freie Zeit in der Wirtschaft vertändeln«, sagt sie heftig, »ich brauch' dich nicht! Geh' weg, geh' unter die Leut'!«

Aber es ist nicht wahr, daß Frau Urban keine Hilfe braucht. Ihren gealterten, zitternden Händen fällt es schwer, zu arbeiten. Sie ermüdet leicht, und während der Arbeit muß sie sich oft niedersetzen.

»Luft schnappen!« wie sie sagt. Ein Glück, daß mich jetzt die Kinder nicht sehen, denkt sie, so eine Schande!

Am ersten Oktober teilt Doktor Müller der erblassenden Susi Urban mit, »daß es nicht mehr geht«. Doktor Müller findet bei dieser Gelegenheit sogar freundliche Worte. »Es tut mir aufrichtig leid, Fräulein, Sie sind ein braver Mensch, aber ...«

Aber Susanne Urban ist keine tüchtige Bürokraft, und Doktor Müller gibt ihr zu verstehen, daß er es für unmöglich hält, aus ihr eine tüchtige Bürokraft zu machen. Auch Frau Anna Müller, die hilflos und verlegen daneben steht, beteuert, daß es ihr leid tut.

Susanne Urban nimmt Abschied von der Kanzlei Doktor Müller, vom Kinderzimmer mit den lustigen Bildern und den hellen Möbeln, von den beiden kleinen Mädchen Lotti und Anni und von der braven Köchin Marie, die fälschlich behauptet hat, jeder Mensch habe Anspruch auf ein bisserl Glück ...

Susi geht nach Hause, zur Mutter. Es wäre gut, es wäre tröstlich, jetzt der Mutter die ganze Wahrheit einzugestehen, zu erzählen, welch trostloser Kampf mit Schreibmaschine und Stenogramm hinter ihr liegt, aber Susi weiß, daß diese Beichte zu viel wäre für die alte Mutter. Sie hat eine Lüge vorbereitet, und die wird sie erzählen. Der Herr Doktor hat ihr gekündigt, um eine Nichte seiner Frau zu engagieren. »Der Vater von dem Mädel ist gestorben«, erzählt Susanne fließend, »und so muß sie jetzt was verdienen! Verstehst du, Mutter?«

»Ja, natürlich!« nickt die Mutter. »Das Hemd ist einem näher als der Rock.«

»Es tut mir sehr leid um Sie«, hat der Herr Doktor gesagt. »Sie sind ein braver Mensch, aber Sie werden einsehen ...«

»Natürlich«, wiederholt die Mutter, »natürlich! Das Hemd ist einem näher als der Rock ... Na, du wirst schon wieder was finden, Suserl ...«

Ja, sie wird schon wieder was finden.

Sonntag studiert Susi die Inserate. Heimlich liest sie auch die Rubrik »Hauspersonal«: »Junges Mädchen mit Mittelschulbildung, englisch, französisch, Klavier ...« Susi seufzt schwer auf und liest weiter: »Einfaches Kindermädchen zu fünfjährigem Knaben gesucht, Mithilfe im Haushalt ...«

Das ginge ja, aber wie bringt man das der Mutter bei? »Aber geh, Susi«, wird sie entrüstet rufen, »wo du dich jetzt im Büro so schön eingearbeitet hast ... Als Kindermädel willst du gehen. Das hat doch gar keine Zukunft.«

Susi seufzt abermals bekümmert. Warum hat Gott sie so unmodern geschaffen? Warum ist sie ein Mädchen ohne Bildung, ohne Ehrgeiz, ohne Zukunft ...?

Susanne Urban bezieht die Arbeitslosenunterstützung. Jeden Montag fährt sie zur Nordwestbahn, die Unterstützung holen, jeden Donnerstag geht sie zur »Kontrolle«, weist ihre blaue Karte vor und läßt sich den Datumsstempel draufgeben. Sie beantwortet Inserate, sie geht sich vorstellen, und sie hilft der Mutter im Haushalt.

»Die Suserl sollt' halt heiraten«, sagt Frau Pechacek, »wie Ihre Küche jetzt immer blitzt und blankt, Frau Urban.«

Frau Urban sitzt beim Fenster. Ihre alten, müden Hände halten untätig das Strickzeug. »Heiraten«, sagt Frau Urban, »heiraten ...«

»Die Frau Pechacek lebt am Mond!« ruft Susi. Sie hat sich diese Phrase, die Mitzi immer gebraucht, angewöhnt, weil sie sie sehr fesch findet. »Heiraten! Sie glauben wirklich, ein Mann heiratet heutzutag' ein Mädel, das kein Geld hat?«

»Aber das redet Ihr Euch ein«, ereifert sich Frau Pechacek. »Das mit der Mitgift hat sich ganz aufgehört. Welches Mädel bekommt heutzutage eine Mitgift? Das war einmal!«

»Wenn sie keine Mitgift bekommt, Frau Pechacek, dann verdient sie entweder selber viel Geld, oder ihre Eltern haben ein Geschäft ...«

»Oder ihre Eltern haben ein Geschäft ...«, murmelt Frau Urban. »Ein Geschäft ... Wenn der Krieg nicht gewesen wär', Susi, wärst heut auch ein Mädel, deren Eltern ein Geschäft haben und könntest heiraten.«

»Aber Mutter«, Susi streichelt die Mutter verlegen, »aber Mutter, kränk dich nicht. Ich will eh nicht heiraten! Ich werd uns einen Kaffee kochen, Frau Pechacek. Wir werden ein bissel jausnen.«

»Der Franzl hat geschrieben«, sagt die Mutter. »Der Franzl ...« Sie hält Franzls Brief krampfhaft fest, und ihr Gesicht ist noch blasser und kleiner als sonst.

Der Franzl hat geschrieben! Susi erinnert sich an die Zeit, in der man zitternd und ängstlich Franzls Feldpostbriefe erwartet und jeden, der gekommen ist, mit unendlichem Jubel begrüßt hat ...

»Was schreibt der Franzl?« fragt Susi und ist fast ebenso blaß wie die Mutter.

»Liebe Mutter!

Ich habe schon viele Briefe an Euch geschrieben und wieder zerrissen. Ich habe es mir immer so schön vorgestellt, Euch erst dann zu schreiben, bis es mir gut geht. Bis ich Euch einen großen Geldbrief schicken kann und die Fahrkarten: Bitte, kommt zu mir. Es geht mir gut hier ...

Ich glaube aber nicht mehr daran, daß ich es noch so lange aushalten kann. Ich habe schrecklich viel versucht in all den Jahren, mein beruflicher Leidensweg in der Fremde ist ein ganzer Roman. Ich will Euch lieber nichts davon erzählen, weil ich Euch nicht aufregen will. Ich will Dir, liebe Mutter, gar nicht erzählen, was ich mitmache und mitgemacht habe. Ich fühle mich jetzt sehr krank und fiebrig; dadurch habe ich die Selbstbeherrschung verloren und schreibe diesen Brief. Meine Sehnsucht, wieder einmal mit Euch zu sprechen, ist zu groß. Ich habe in den letzten Tagen fast nichts gegessen und bin auch ohne Wohnung. Gestern hat mich ein Kamerad bei sich nächtigen lassen. Was heute sein wird … Nun, irgendeine Bank in einem Wartesaal wird sich schon finden.

Liebe Mutter, ich habe große Sehnsucht nach Dir. Ich schäme mich so. Ich wollte doch immer Dein großer Sohn werden, auf den Du stolz sein kannst. Und nun … Was machen die Mädels? Susi, der kleine Fratz, ist jetzt schon ein großer Fratz geworden?

Geliebte Mutter, es umarmt und küßt Euch Euer unglücklicher Sohn und Bruder

Franz.«

Susi legt den Brief schweigend auf den Tisch. Es würgt sie im Hals. Sie ist wütend auf das brennend heiße Mitleid, das sie mit Franz empfindet. Jetzt auf einmal kann er schreiben, denkt sie, jetzt plötzlich, weil ihm das Wasser bis zum Hals geht! Dieser Franzl, dieser Franzl … Sie preßt das Gesicht an die kühle Fensterscheibe und wischt rasch und zornig die Tränen ab. Dieser Franzl, dieser große Bruder, dieser leichtsinnige Lump! Lieber, lieber Franzl …

»Susi, wir müssen dem Franzl Geld schicken!« sagt die weinende Stimme der Mutter.

»Was willst ihm denn für Geld schicken, Mutter? Meine Arbeitslosenunterstützung? Soll er nach Wien kommen! Mitessen kann er hier leichter als wo anders. Und wenn er im Ausland eh kein reicher Mann wird, kann er sich hier gradso irgendeine Arbeit suchen.«

»Also man muß ihm doch ein Reisegeld schicken! Und er muß sich doch auch ein bissel ausstaffieren! Er kann doch nicht ganz abgerissen daherkommen!«

»Ich bitt' dich, Mutter, möchtest du mir nicht erklären, wo wir beide Geld hernehmen sollen?«

Susi wendet sich um und schaut die Mutter kopfschüttelnd an. Es ist wirklich wahr, wenn die Leut' alt werden, werden sie wieder kindisch.

Da sitzt Frau Urban, hat den kleinen Kopf tief hinunter gebeugt, und ihre zitternden Hände flechten unentwegt Zöpfe aus den Tischtuchfransen. Frau Urban schweigt, nur ihr lauter, unruhiger Atem ist zu hören. Plötzlich steht sie auf und geht an Susi vorbei, ohne sie anzublicken. Susi hört, wie sie im Nebenzimmer den Kasten aufsperrt. Irgend etwas fällt polternd zur Erde. Susi stöhnt ungeduldig. Das wird heut wieder ein Tag werden, wenn die Mutter so nervös ist!

»Was suchst denn, Mutter?« fragt Susi sanft. Sie geht zur Tür und schaut der Mutter kopfschüttelnd zu, die mit zitternden Händen in ihrem Kasten stöbert, Schachteln achtlos auf die Erde wirft, Wäsche durcheinanderbringt und die geheiligte Ordnung des »Ladlkastls« auf diese Weise zerstört.

»Mutter, was suchst denn?« fragt Susi nochmals.

»Da!« sagt die Mutter. Sie hält eine kleine Holzkassette in der Hand. »Das ist es! Ich hab schon geglaubt, es ist weg!«

»Na, siehst du!« sagt Susi tröstend und verständnislos. Sie drängt die Mutter sanft beiseite. »Laß mich, ich werd ein bissel Ordnung machen im Kasten.«

Frau Urban achtet nicht auf Susis Worte. Sie hält die Holzkassette an sich gepreßt. Ihr kleines, blasses Gesicht ist plötzlich feuerrot.

»Ist dir nicht gut, Mutter?« fragt Susi ängstlich. »Soll ich dir das Bett aufmachen? Willst du dich niederlegen?«

»Susi«, sagt Frau Urban, »Susi, du bist doch ein braves, gutes Kindl. Du bist doch ein gescheites Mädel!«

»Ja«, sagt Susi verwundert und unruhig, »ja, was ist denn, Mutter?«

»Komm' her, Suserl, ich muß dir was sagen!«

»Geh, Mutter, setz' dich nieder! Schau, reg' dich nicht so auf!«

Frau Urban läßt sich gehorsam in einen Sessel drücken. »Susi!«, beginnt sie, »Susi, ich tu ein großes Unrecht an euch Mädels. Ich weiß es, aber es muß sein! Ich kann mir nicht anders helfen!«

Frau Urban sperrt umständlich die Holzschachtel auf. »Hier«, sagt sie, »hier sind die letzten Schmuckstücke, die ich noch nicht verkauft habe. Ich hab s' versteckt. Ich wollt' sie aufheben für euch Mädels. Aber jetzt, wo der Franzl in der Fremde krank ist und hungert ...«

Frau Urban legt feierlich eine kleine, goldene Damenuhr, ein Armband und drei Ringe auf den Tisch. »Wir wollen es jetzt doch verkaufen«, sagt sie mit gesenktem Kopf.

»Ja, Mutter!« Susi streichelt das dünne, graue Haar. »Ja, Mutter, reg' dich nicht auf!«

»Es ist ein großes Unrecht gegen euch Mädels, gar nichts bleibt euch von den Eltern!«

»Na ja, mein Gott, wenn aber der Franzl krank ist und kein Quartier hat da in Frankreich!«

»Besonders gegen dich, Suserl, ist es ein großes Unrecht. Für dich ist gar nix g'schehn ... Net einmal lernen lassen haben wir dich was G'scheites.«

Susi schweigt. Sie streichelt unentwegt den kleinen, grauen Kopf. Sie hat Tränen in den Augen. Sie beißt sich auf die Lippen und reißt die Augen weit auf, um nicht loszuweinen. Sie hat plötzlich ein nie gekanntes elendes Gefühl, ein jämmerliches Mitleid mit sich selbst, mit dem jüngsten Urban-Kind, für das so wenig, so gar nichts geschehen ist ... Der Hunger im Krieg, die Holzschuhe, das stundenlange Anstellen vor den Geschäften – und sie war doch eigentlich noch ein Kind damals! Und gleich nach der Bürgerschul' zum Onkel Eduard in das dunkle »Knöpfelgeschäft«. Was für ein Leben! Was für eine Jugend!

»Geh zum Juwelier Feichtinger auf der Mariahilfer Straße. Er kennt mich. Sag, daß du meine Tochter bist und er soll dir einen anständigen Preis zahlen.«

»Mehr können S' mir nicht geben?« fragt Susi mit einer gewaltsamen Anstrengung zur Tüchtigkeit.

»Es tut mir leid, Fräulein«, sagt höflich der alte, grauhaarige Juwelier. »Es tut mir leid. Schauen Sie, die Sachen sind ja ganz unmodern. Der Goldwert ist nicht sehr groß, und die Steine hier ...«, er deutet achselzuckend auf die schmalen Ringe. »Glauben Sie mir, wenn es nicht für die Frau Urban wär', gäbe ich nicht einmal das ...«

»Die Mutter braucht das Geld sehr dringend. Sie trennt sich nur sehr schwer von den Sachen. Sie hat s' noch vom Vater ...« Susi flüstert es mühsam, heiser vor Scham. Sie rührt sich nicht vom Ladentisch weg. Sie starrt angestrengt auf die Glasplatte, unter der die bunten Steine blitzen und glitzern. Er muß mir noch was geben, denkt sie angestrengt. Er muß ... Ihre Wangen brennen. Sie preßt die zitternden Lippen aufeinander.

Herr Feichtinger verharrt schweigend eine kleine Weile, dann legt er noch einen Schein auf die Glasplatte. »Es ist wirklich überzahlt, Fräulein Urban, glauben Sie mir ...«

»Ich danke Ihnen schön«, murmelt Susi. Sie rafft das Geld zusammen und steckt es in ihre kleine, abgeschabte Börse.

»Es ist viel Geld, nicht wahr?« fragt Frau Urban.

»Ja, Mutter, es ist viel Geld.«

»Geh jetzt gleich auf die Post, Susi, und schick dem Franzl das Geld.« Die Mutter spricht plötzlich ganz lebhaft und eifrig. »Und dann schreiben wir zusammen einen Brief, daß er gleich kommen soll, am selben Tag, an dem er das Geld kriegt.«

»Reg' dich doch nicht auf, Mutter«, sagt Susi mechanisch. Sie betrachtet erstaunt das veränderte Gesicht der Mutter. Wie ihre Wangen leuchten, wie rot ihre Wangen sind ... Wie sie sich freut, wie sie sich freut, daß der Franzl wieder nach Hause kommt. Der Franzl, der das schöne Geschäft vom Vater verschleudert hat, der im Gefängnis gesessen ist, in die weite Welt gezogen, um ein reicher Mann zu werden, und der jetzt wieder kommen soll, arm und krank. Wie sie dasitzt und leuchtet und strahlt. Eine Braut, die Herrliches, Unsagbares erwartet, ist die arme, kleine Mutter, die einen verlorenen Sohn in die Arme schließen will.

Die nächsten Tage verbringt Frau Urban damit, zu rechnen: Wenn er den Brief Mittwoch bekommen hat und, sagen wir, Donnerstag wegfährt, wann kann er hier sein ...? Vielleicht unterbricht er wo die Reise, weil ihm nicht gut ist? »Freitag oder Samstag ist er bestimmt schon da, gelt Suserl?«

»Er schreibt sicher noch einen Brief, Mutter!«

»Glaubst du? Und was meinst, sollen wir der Berta erzählen, daß der Franzl kommt? Oder sollen wir das mehr überraschend hinstellen?«

»Vorläufig sag ihr gar nix, Mutter, du weißt, wie die Berta ist.«

»Hast ganz recht, Susi«, stimmt die Mutter eifrig bei. »Vorläufig sagen wir ihr gar nix. Die Berta is' ja gleich in der Höh'.«

Es vergehen die Tage Mittwoch und Donnerstag, am Freitag betritt nach schüchternem Anklopfen Herr Leopold Traxler das Zimmer der Frau Urban.

»Entschuldigen Sie vielmals, Frau Urban, darf ich Sie einen Moment stören?«

»Bitte, bitte.« Frau Urban rückt einen Sessel zurecht. »Bitte, bitte, womit kann ich Ihnen dienen, Herr Traxler?«

Herr Traxler räuspert sich umständlich. »Es ist nämlich«, sagt er verlegen, »es ist nämlich der unangenehme Fall eingetreten, daß mein Fixum von der Firma ...«

»Wie, bitte?« fragt Frau Urban unruhig. »Wie, bitte?«

»Mein Fixum, verstehen Sie, der fixe Gehalt, den ich bisher hatte ...«

»Sie haben Ihren Posten verloren?« fragt Frau Urban, blaß werdend.

»Das nicht, das Gott sei Dank nicht«, Herrn Traxlers lange Finger knacken in den Gelenken. »Aber ich arbeit' nur mehr gegen Provision ...«

»Aha«, murmelt Frau Urban. Sie starrt Herrn Traxler angstvoll an. Ob er jetzt das Zimmer kündigt und sich ein billigeres sucht? Jetzt soll man sich am End' um einen neuen Zimmerherrn umschauen ... Weiß Gott, wen man da wieder bekommt? Herr Traxler war so ein ruhiger Mensch.

Herr Traxler räuspert sich abermals. »Es ist bloß, daß ich erst in einigen Tagen Geld bekomme und da heute der erste ist ...«

»Ja, heut ist der erste ...«

»Mit einem Wort, ich kann Ihnen den Zins erst am zehnten zahlen.«

So, jetzt ist es gesagt. Herr Traxler schweigt sichtlich erleichtert.

Auch Frau Urban schweigt. Sie schaut hilflos die Susi an. Susi zuckt die Achseln. »Ja, aber wir müssen ja selber Zins zahlen, Herr Traxler«, flüstert Frau Urban ratlos. »Bis zum sechsten muß ich meinen Zins für die Wohnung zahlen, was machen wir denn da?«

»Nun, ich glaube, Frau Urban, wenn Sie ein Wort mit Ihrem Hausherrn reden, wo Sie doch eine so langjährige Mieterin sind ...«

Frau Urban schüttelt den Kopf. »Das ist sehr peinlich für mich, Herr Traxler.«

»Also, wie gesagt, Sie stunden mir diesmal den Zins, bis zum zehnten. Diese unbedeutende Unregelmäßigkeit, nachdem wir jahrelang im besten Einvernehmen miteinander gehaust haben, wird mir von Ihnen nicht schlecht ausgelegt.« Herr Traxler springt leichtfüßig auf und verabschiedet sich von den Damen.

»Suserl, was machen wir denn da? Zum Hausherrn gehe ich auf keinen Fall!«

»Ja, mein Gott, Mutter, du mußt dir halt von der Berta für die paar Tag das Geld ausleihen! Sie kriegt ja heut ihren Gehalt.«

»Von der Berta ...«

Frau Urbans unruhige Hände fahren nervös über das Tischtuch. »Sag, Susi, weißt du, was die Berta jetzt Gehalt hat?«

»Ich soll das wissen? Du meinst, die Berta erzählt mir mehr als dir?«

»Ja, du hast recht! Die Berta erzählt uns nichts!«

Die Mutter schläft schlecht in dieser Nacht. Susi hört sie seufzen und murmeln.

»Fehlt dir was, Mutter?« ruft sie leise.

»Nein, nein, schlaf nur!«

Aber auch Susi kann nicht schlafen. Was die Berta für ein Theater gemacht hat, weil sie das Geld für ein paar Tage herborgen soll! Unglaublich! Den ganzen Abend ist sie im Vorzimmer herumgegangen und hat mit lauter Stimme erzählt, wie unverantwortlich es sei, seinen Verpflichtungen nicht nachzukommen. Damit nur ja der arme Herr Traxler jedes Wort hört!

»Ich wollt' mir mein Kostüm morgen nachmittags von der Schneiderin holen. Du weißt, wie dringend ich es brauche! Aber natürlich, Mama, wenn du das Geld für die Miete brauchst, das geht vor … Ich weiß gar nicht, was ich der Schneiderin sagen soll! Ich geniere mich zu Tod vor ihr!«

Oh, diese Berta! Und die Mutter ist vor ihr gestanden wie eine arme Sünderin und hat immer nur gemurmelt: »Es ist ja nur für ein paar Tage, Berta ...«

Susi dreht sich auf die andere Seite. Ach Gott, und der Franzl schreibt auch nicht, ob er das Geld bekommen hat und wann er nach Wien kommt.

»Was ist denn, Mutter?« Susi richtet sich im Bett auf und horcht ängstlich in das dunkle Zimmer. Was war das für ein merkwürdiger Laut?

»Ich bekomm' so schwer Atem«, sagt Mutters Stimme, und es klingt fremd und rauh.

Susi springt aus dem Bett und macht Licht. »Soll ich einen Doktor holen, Mutter?«

»Nein, nein, es ist ja nix!«

Susi holt die Polster aus ihrem Bett und schiebt sie der Mutter unter den Kopf. Sie hebt den leicht gewordenen Körper der alten Frau auf und bettet ihn höher.

»Ist es jetzt besser, Mutter?«

»Viel, viel besser!«

»Und wie ist es mit dem Atem?«

»Gut, Susi, gut ...«

»Soll ich dir was Scharfes zum Riechen geben? Wart, ich bring' dir einen Essig.«

Susi steht frierend am Bett der Mutter und reibt ihr die Schläfen mit dem scharf duftenden Weinessig ein.

»Es geht schon wieder, Susi, ich dank' dir schön.«

»Schau, du sollst dich nicht so aufregen bei jeder Gelegenheit! Laß' doch die Berta keppeln! Hör' ihr gar nicht zu!«

»Glaubst du, wird der Traxler den Zins bringen am zehnten?«

»Sicher wird er ihn bringen! Und schau, wenn der Franzl kommt, wird er g'wiß einen guten Posten finden in Wien. Er kann doch jetzt perfekt Französisch. Denk doch, wie lang er in Frankreich war! Das ist doch was!«

»Ja, das hab ich mir auch schon gedacht«, sagt die Mutter lebhaft. »Wenn er einen Posten kriegt mit einem guten Gehalt, dann brauchen wir schließlich das Zimmer gar nicht mehr zu vermieten ...«

»Wirst sehen, Mutter, wir werden hier ganz gemütlich wirtschaften.«

Susi streichelt tröstend die zitternden Hände der alten Frau.

Der Samstag ist vergangen. Von Franzl sind kein Brief und auch kein Telegramm gekommen. Susi wagt es gar nicht mehr, die Mutter anzusehen, die bei jedem Geräusch zusammenschrickt und ununterbrochen die Tür im Auge behält.

Es ist Sonntag vormittags. »Heute kommt keine Post«, sagt die Mutter melancholisch.

»Frag die Berta, ob sie weggeht und ob man bei ihr schon aufräumen kann.«

»Kann man 'rein zu dir?« ruft Susi ins Nebenzimmer.

»Bitte!« Die Berta steht mitten im Zimmer. Ihr Gesicht ist unheilverkündend blaß, ihre spitze Nase ragt noch spitzer als sonst in die Luft, und ihr eingekniffener Mund ist kaum mehr sichtbar. Sonderbarerweise hat sie das neue Kostüm an, obwohl ihr doch leider für die Schneiderin kein Geld geblieben ist »durch das pflichtvergessene Benehmen des Untermieters Traxler«.

»Ich lasse auch Mama bitten, zu mir zu kommen! Ich habe mit euch beiden zu reden!« sagt Berta eisig.

O je, sie hat erfahren, daß der Franzl kommt, und jetzt gibt's Krach, denkt Susi und wirft einen besorgten Blick auf die Mutter.

»Was gibt's denn, Berterl?« fragt die Mutter eifrig.

»Ich habe gestern spät abends den Juwelier Feichtinger im Kaffeehaus getroffen«, sagt Berta.

Berta bleibt unbeweglich mitten im Zimmer stehen und beobachtet genußvoll die Wirkung ihrer Worte.

»Durch einen unglückseligen Zufall muß ich erfahren, daß ich hier seit Jahren bestohlen und um mein Erbteil betrogen werde!«

»Seit Jahren bestohlen! Berta, du spinnst!« ruft Susi jähzornig.

Berta winkt ihr gebieterisch zu schweigen. »Schau, daß du ein Mensch bist, der sich nur ordinär ausdrücken kann, ist eine Sache für sich. Darüber wollen wir uns jetzt nicht unterhalten. Aber du wirst mir doch nicht einreden wollen, daß ihr vorige Woche das erste Mal Herrn Feichtinger mit eurem Besuch beehrt habt, wie? Ich habe geglaubt, ich werd' wahnsinnig, wie ich gestern Herrn Feichtinger treffe und ganz harmlos zu dem Manne sag': Ich komm' Sie bald mal besuchen, Herr Juwelier. Und drauf sagt er bekümmert: Das Malheur ist nur, daß die Schmuckstücke der Frau Mama wirklich keinen großen Wert repräsentieren. Hat das Fräulein Schwester der Frau Mama ausgerichtet, daß der Goldwert nicht sehr hoch war, und die Steine ... Na – und so weiter! Ich habe geglaubt, ich sinke in die Erde vor Schand'. Da will ich dem Mann meinen Besuch ankündigen, weil wir unsere Verlobungsringe besorgen wollen, und bekomm' diese Antwort!« Berta schlägt die Hände zusammen.

»Wieso denn Verlobungsringe?« fragt Frau Urban nervös.

»Aber ich bitt' dich, Mutter!« ruft Susi wütend dazwischen. »Du weißt noch immer nicht, daß die Berta narrisch ist? Wahrscheinlich ist ihr bei diesem spiritistischen Schnackerlverein ein Geist erschienen und hat um ihre Hand angehalten!

Und mit dem hat sie beim Feichtinger Verlobungsringe kaufen wollen!«

»Kusch!« Berta springt zitternd vor Zorn auf Susi zu, die unwillkürlich zurückweicht. »Du kannst mir ja nicht einmal in die Augen sehen, du Diebin! Mein Erbteil verschachern für ein Butterbrot und sich von mir erhalten lassen!«

»Du bist ja wahnsinnig, du Spiritistin du! Wann hast du mich denn erhalten? Die Mutter und ich leben von Erdäpfeln und Grießkoch, seit ich die Arbeitslose hab'! Du scherst dich ja um nix, du gehst ja ins Gasthaus essen, du noble Dame! Du Furie! Und du phantasierst noch, daß du uns erhältst?«

»Das läßt du zu, Mutter, das hörst du ruhig mit an, wie man mich hier beleidigt?«

Frau Urban sieht verstört auf ihre beiden schreienden Töchter, die mit geballten Fäusten einander gegenüberstehen.

»Du Erbschleicherin!« kreischt Berta. »Delogiert wäret ihr worden, wenn ich nicht wär'!«

»Weil du auf eine Woche den Zins hergeborgt hast! Laß' dich nicht auslachen!«

»Na, vorläufig hab ich ihn hergeborgt, ob ich ihn wiederbekomme, ist noch sehr die Frage!«

»Geht's, Kinder, tut's euch nicht streiten«, sagt die verschüchterte Stimme der Frau Urban. Sie geht im Zimmer auf und ab und räumt sinnlos Gegenstände weg. »Tut's euch nicht streiten!« ruft sie nochmals. »Geh' schön spazieren, Berta, tu dich ein bissel erholen!«

»Bitte, Mama, geh aus meinem Zimmer. Ich werde mir schon selbst Ordnung machen ... Jetzt muß festgestellt werden, wieviel von meinem Anteil noch im Haus ist.«

Frau Urban versteckt sich hinter dicken, breiten Polstern, die sie eifrig klopft und schüttelt. »Schau, Berterl, das ist ganz anders, als du glaubst.«

»Ja, natürlich, ich kann mir schon denken, ihr werdet eine passende Ausrede bei der Hand haben ... ihr ... ihr ... Gesindel!«

»Zur Mutter sagst du Gesindel? Zur Mutter sagst du ...« Susi erhebt die Hand. Vielleicht will sie sich wirklich in ihrem blinden, atemraubenden Zorn auf Berta stürzen und sie schlagen, vielleicht hat sie die Hand nur erhoben, um diese blasse, fremde, häßliche Frau abzuwehren.

Berta schreit auf: »Sie will mich schlagen, diese ordinäre Person, geht mit Fäusten auf mich los. Und das duldest du, Mutter. Geh sofort aus meinem Zimmer, Mama, hörst nicht? Ich will allein sein!«

Frau Urban steht ratlos mit dem Polster in der Hand im Zimmer. »Aber Kinder, Kinder ...«

»Komm' Mutter, komm' her, laß die Furie!« Susi möchte gerne zur Mutter gehen und sie aus Bertas Zimmer holen, aber sie steht gelähmt wie in einem bösen Traum. »Geh, Mutter«, ruft sie kraftlos.

»Laßt mich allein«, schreit Berta. Sie reißt der Mutter den Polster aus der Hand und wirft ihn auf die Erde. »Allein, sage ich.« Sie hat die Mutter bei der Schulter gepackt und schiebt sie aus dem Zimmer. »Hinaus!« Die Tür fällt krachend zu, der Schlüssel wird lärmend umgedreht. Frau Urban steht mir erstaunten Augen vor der Tür. Sie schwankt ein wenig von dem unerwarteten Stoß. »Aber Kinder«, sagt sie, »aber Kinder ...«

»Geh, wie schaust denn aus, Mutter, leg' dich ins Bett zurück ... Komm, ich helf' dir.«

Frau Urban und Susi sind allein zu Hause. Berta ist weggegangen. Sie hat lärmend die Tür zu ihrem Zimmer versperrt. Sie hat im Vorzimmer hörbar vor sich hingeschimpft: Diebsgesindel ... Erbschleicherei, dann sind Susi und ihre Mutter allein geblieben. Frau Urban, die mit einem gespannten und aufmerksamen Gesichtsausdruck im Bett gelegen ist, hat aufgeatmet.

»Draußen ist sie«, hat Susi tröstend versichert.

Jetzt sind sie allein. Mutter hat zu Mittag nichts essen wollen. Sie liegt mit geschlossenen Augen im Bett.

»Schläfst du, Mutter?« fragt Susi flüsternd. Sie hat sich fröstelnd in einen Wollschal gehüllt und sitzt beim Ofen, der nur mangelhaft Wärme spendet. Mechanisch dreht sie die Zeitung herum. Sie sucht die Annoncen. Offene Stellen. Weibliche Kategorie.

Wie kalt es ist. Das Heizen kostet so viel Geld. Und jetzt ist erst November. Das wird ein lustiger Winter werden. Sie schließt die Augen. Wenn man nur wegdenken könnte von all dieser Traurigkeit: Arbeit suchen ... Franzl ... Berta ... Ob alle Menschen so viel Freude mit ihren Geschwistern erleben?

»Was hast denn, Mutter?« Susi reißt die Augen auf. Hat sie geträumt? »Mutter?«

Frau Urban hat sich im Bett aufgerichtet: »Luft«. Ihre Augen sind angstvoll geweitet. Susi reißt die Mutter in die Höhe.

»Was ist dir, Mutter?« Frau Urban stöhnt. Sie preßt die schweißnasse Stirne an Susis Schulter.

»Wart, Mutter, wart, einen Augenblick, ich geh' den Doktor holen!«

Frau Urban schüttelt den Kopf. Susi neigt ihr Ohr hinunter, um die Mutter besser zu verstehen. »Was willst du, Mutter?«

»Kinder, Kinder«, murmelt Frau Urban. »Kinder ...«

»Ich geh' zum Doktor Gruber«, schreit Susi. Sie schreit laut. »Verstehst du mich, Mutter?«

Der abwesende Gesichtsausdruck im Gesicht der Frau Urban ändert sich nicht.

»Hörst mich, Mutter, ich hol' den Gruber, den Arzt. Er wird dir helfen.«

Frau Urban öffnet ungeschickt den Mund. Sie will etwas sagen. Ein unverständliches Lallen dringt zu Susi. »Ich hol' ... ich hol' ...!« schreit Susi. Sie rennt aus der Wohnung. Wenn nur die Pechacek zu Haus wär, damit sie bei der Mutter bleibt, bis ich mit dem Doktor komm' ...

»Frau Pechacek ...! Frau Pechacek ...!« schreit Susi. Sie trommelt an die Tür.

Frau Pechacek öffnet verschlafen die Tür. Ihr

kleiner, grauer Zopf steht unordentlich weg. »Ich hab mich bissel hingelegt nach dem Essen. Was ist denn?«

»Die Mutter, Frau Pechacek, die Mutter ...!«

»Ich komm' schon, Susi! Einen Augenblick ...!« Frau Pechacek schließt eilig den Schlafrock. »Ich komm' schon ...«

Susi eilt atemlos und zitternd zur Mutter zurück. »Vielleicht is' ihr besser geworden. Ich muß sie nochmal anschauen.«

Frau Urban sitzt zusammengesunken zwischen ihren Polstern. Sie lebt noch.

»Frau Urban, ja, was machen Sie denn für Geschichten?« sagt Frau Pechacek in dem kindisch zutraulichen Ton, in dem man zu Kranken spricht.

»Bleiben Sie bei ihr, bis ich mit dem Doktor komme, ja?«

»Ja, ja, ich bleib' schon bei der Frau Urban ...« Frau Pechacek ergreift die herabhängende, kleine, welke Hand und reibt sie. »Ist Ihnen kalt, Frau Urban?«

Susi wendet sich bei der Tür nochmals um und blickt auf die Mutter zurück. »Gleich bin ich wieder da, Mutter!« Frau Urban hebt schwach den Kopf. Sie hat mich gesehen, sie hat mich erkannt, freut sich Susi. Es ist der letzte Blick, den sie mit ihrer Mutter tauscht.

Nach einer Viertelstunde kommt Susi wieder nach Hause. Abgehetzt, keuchend, mit einem fremden Arzt. Doktor Gruber war nicht zu Hause.

Frau Anna Urban ist gestorben.

»Embolie«, sagt der fremde Arzt.

»Aber wieso denn, nie hat ihr was g'fehlt ...« Susi streichelt laut weinend das Gesicht der toten Frau, das, bereits unheimlich fremd geworden, nicht mehr an die Mutter erinnert.

»Machen Sie s' wieder gesund, Herr Doktor, Sie kann doch nicht tot sein. Man stirbt doch nicht so plötzlich ...«, bettelt Susi den Arzt mit erhobenen Händen. »Machen S' die Mutter wieder gesund, Herr Doktor!«

Sie will die Erklärungen, woran Frau Anna Urban, ihre Mutter, gestorben ist, nicht hören. Nicht in den fremden Ausdrücken, nicht in der deutschen Sprache. Denn fremd, unheimlich, unfaßbar ist der Tod allen Lebenden, die wohl immer wissen, daß es ihn gibt, und die doch niemals an ihn glauben wollen.

Eine Woche nach dem Begräbnis der Frau Urban wird Susi eines Morgens von dem schrillen, anhaltenden Klang der Glocke aus ihrem unruhigen Schlaf geweckt.

»Ja, was ist denn?« murmelt sie verwirrt. Sie versucht einen flüchtigen Traumfetzen festzuhalten ... Mutter? Im Bett aufgerichtet, fällt ihr Blick auf das leere Bett der Mutter. Ihre müden Augen füllen sich mit Tränen.

Da läutet es wieder. Susi kriecht frierend aus dem Bett und tappt ins Vorzimmer. Die Wohnung liegt noch im Halbdunkel des dämmernden Wintermorgens.

»Ja, was ist denn?« ruft sie nochmals. Diesmal vor der Türe. Sie stellt sich auf die Zehenspitzen, um besser durch das Guckloch zu sehen.

»Franzl!« ruft sie. Sie reißt mit ungeduldiger Hand an dem Schloß. »Franzl, jetzt kommst du?«

Ein fremder Mann tritt ins Vorzimmer. Fremd das blasse, verhärmte Gesicht, fremd der schäbige, fleckige Anzug, fremd der kleine, schwarze Holzkoffer in seiner Hand.

Der fremde Bruder Franz beugt sich hinunter, um Susi zu küssen. Sein Atem riecht ungepflegt.

»Servus, Kleine! Servus, ihr schlaft noch alle? Kannst mir ein Frühstück machen?«

»Komm' 'rein. Na, so komm' schon ...«

Mein Gott, die Berta! denkt Susi verzweifelt. Das wird ein Tanz werden. Sie erinnert sich mit Schrecken an Bertas gellendes, lautes Weinen, als sie nach dem Tode der Mutter Franzls Brief gelesen und erfahren hat, zu welchem Zweck der Schmuck verkauft worden ist. »Der Franzl hat sie ermordet, der Franzl, dieser gewissenlose Schuft!« So hat sie geschrien und sich dabei das Haar gerauft.

»Geh, Franzl, geh ins Zimmer«, sagt Susi jetzt leise. Ich werd dir inzwischen einen Kakao kochen.«

»Kaffee habt ihr keinen zu Hause?«

»Nein, aber sei leise. Die Berta schläft noch.«

»Na, wird sie halt aufwachen. Was is' mit der Mutter?«

»Was soll denn dieser Lärm in aller Früh?«

»Na also, die Berta«, flüstert Susi resigniert.

»Was fürchtest dich denn so?«

»Mit meinem Schlaf ist es vorbei!« ertönt Bertas klagende Stimme wieder. »So schön hätte ich noch eine halbe Stunde schlafen können.«

»Servus, Berta!« ruft Franz unbekümmert. »Komm' 'raus und gib deinem Bruder ein Bussel!«

Jetzt geht's los, denkt Susi. »Ich geh' ein Frühstück kochen«, ruft sie hastig und wendet sich zur Küche. Aber die Berta ist schon herausgestürzt. Sie hat den Schlafrock eilig umgeworfen. Das Haar hängt ihr in die Stirne.

»Franzl!« schreit sie. Sie breitet theatralisch die Arme aus. Dann liegt sie an der Brust des Bruders und weint laut und gellend.

»Na, was hast denn? Was is' denn?« murmelt Franz überrascht.

Susi geht in die Küche. Sie stellt den Milchtopf auf die Gasflamme und verrührt den Kakao mit Wasser. Sie überwindet die gewohnte Sparsamkeit und gibt noch zwei Löffel Kakao dazu. Die Berta ... vielleicht hat sie den Franzl doch gern? Ob sie jetzt dem Franzl schon gesagt hat, daß die Mutter gestorben ist?

Susi hört die Geschwister im Zimmer sprechen. Die Berta weint. Susi schüttet den Kakao in die kochende Milch und dreht rasch das Gas ab. Sie nimmt die Schalen aus der Kredenz, um den Kakao einzugießen.

»Nein, nein, das ist nicht wahr ...!« Das ist Franzls Stimme.

Jetzt hat sie es ihm gesagt. Susi stellt zitternd die Schalen auf den Tisch. Sie hat lähmende, schreckliche Angst davor, jetzt zu den Geschwistern zu gehen. Die sitzen jetzt drin beisammen und weinen … und ich soll mit dem Frühstück daherkommen, denkt sie. Wütend gießt sie den Kakao in die Schalen. Beide haben sie sich nicht um die Mutter gekümmert, solange sie gelebt hat, und jetzt …

Sie trägt das Frühstück in Bertas Zimmer.

»Du mußt jetzt was essen, Franzl«, sagt sie tonlos, ohne aufzusehen.

Der Franzl ist also wieder in Wien. Er wohnt im Zimmer des Herrn Traxler, der einige Tage nach dem Begräbnis der Mutter ausgezogen ist. Die Berta muß also jetzt die Miete für die Wohnung wirklich zahlen, und Susi kocht täglich für sich und Franzl. Sie bezieht noch immer die Arbeitslosenunterstützung und fährt zweimal in der Woche zum Nordwestbahnhof.

Der Franzl schläft bis Mittag. Sein kleines Zimmer ist mit dickem Rauch gefüllt, wenn Susi ins Zimmer kommt, um ihm das Frühstück zu bringen. Sein Anzug liegt auf dem Boden.

Wenn er mürrisch und schweigsam gegessen hat, schiebt er den Teller zurück, zündet eine neue Zigarette an, sagt »Servus, Susi« und geht weg. Spät nachts kommt er nach Hause. Laut lärmen seine schweren Schritte im Vorzimmer, krachend schließt er die Türen. Er holt sich Wasser aus der Küche. Manchmal spricht er auch mit sich selbst.

Susi liegt wach im Bett. Sie hört die Geräusche der nächtlichen Straße. Gegenüber im Wirtshaus gehen singend die letzten Gäste weg. »Ruhe!« ruft eine verärgerte Stimme.

Ich muß mir eine Arbeit suchen, denkt Susi. Sie hat Angst vor der Arbeit, vor den Chefs, vor den Fragen: »Zeugnisse? Perfekt? Sprachen? Welche Schulen?« Man kann doch nicht auf alles nein sagen, was einen die Leut' fragen. Was soll aus mir werden, wovon soll ich denn leben? Mit mir wird keiner den letzten Groschen teilen, denkt sie bitter. Franz hilft ihr wohl jetzt, die armselige Arbeitslosenunterstützung zu verzehren, aber was wird Franz für die Schwester tun, wenn er Arbeit finden wird?

Was soll ich morgen wieder kochen, grübelt sie weiter. Paradeissauce mit Erdäpfeln oder Grießkoch? Oder soll ich jetzt noch aufstehen und Linsen ins Wasser legen und morgen garkochen? Oder vielleicht soll ich Nudeln mit Reibkäs' machen? Ach, es ist ja ganz egal! Wenn Susi nachts wach liegt, hat sie immer Magenschmerzen, aber sie denkt gar nicht mehr daran, das Hunger zu nennen. Manchmal muß sie unentwegt an ein Stück Rindfleisch denken, groß, saftig und weich. Sie will rasch, rasch wegdenken, aber dieses wunderbare Stück Rindfleisch kommt immer wieder.

Manchmal fragt Susi den Bruder: »Schaust du dich eigentlich um Arbeit um?«

»Da in Wien?« fragt Franz verächtlich. »Ist ja

nix zu machen! Und er beginnt vom Ausland zu schwärmen. »Dort ist ein Leben!«

»Aber es ist dir doch so schlecht gegangen«, wendet Susi schüchtern ein.

»Du findest ja auch nix in Wien«, sagt Franz störrisch, »bist ja selber arbeitslos. Was willst denn von mir?«

»Wenn ich so gut Französisch könnt' wie du ...«

»Du? Du hast ja nie was lernen wollen! Glaubst, mir ist es zugeflogen? Stucken hab ich müssen! Lernen! Vokabeln, Grammatik! Du hast eine Ahnung!«

»Du bist ins Gymnasium gegangen!« verteidigt sich Susi erregt. »Da war Friedenszeit! Die Eltern haben keine Sorgen gehabt, Nachhilfestunden hast du bekommen. Ich kann mich genau erinnern. Wie ich in die Schule gegangen bin, war Krieg, und wir haben keine Kohlen gehabt, kein Essen. Und wenn ich in der Schule was nicht verstanden hab, hat es Fünfer gegeben und keine Nachhilfestunden. Das kann man gar nicht vergleichen!«

»Aber geh, spiel' dich nicht auf! Faul bist du! Faul und blöd!« Und damit schiebt Franz den Teller weg, zündet sich seine Zigarette an und geht weg.

Ich hätt' nichts reden sollen! Denkt Susi traurig. Ich weiß doch, daß meine Geschwister nichts von mir halten. Und ich selbst halte ja auch nichts von mir. Ich bin ja so untüchtig!

Am Nordwestbahnhof, wo Susi ihre Arbeitslosenunterstützung bekommt, lernt Susi ein

Mädchen kennen, das ihr rät, Adressen zu schreiben. »Ich tu's auch«, erzählt sie flüsternd, »von der Arbeitslosen kann man ja nicht leben. Ich geh' mit Ihnen zu meiner Firma. Haben Sie eine schöne Handschrift? Aber ich bitt' Sie, reden Sie mit keinem Menschen darüber, sonst werden S' g'straft, und die Arbeitslose verlieren Sie außerdem.«

Susi nimmt den Rat dankbar und ängstlich an. Sie hat noch nie etwas getan, wofür man g'straft werden kann. Es ist ganz schrecklich, etwas verbergen zu müssen! Aber das Adressenschreiben macht ihr Freude. Es ist eine mühselige und schlecht bezahlte Arbeit. Aber es ist eine Arbeit, und auf die Frage: »Haben Sie eine deutliche Handschrift?« kann sie mit ruhigem Gewissen »Ja!« antworten. Sie selbst verhöhnt sich zwar, »weil Adressenschreiben jeder Trottel kann«, und trotzdem ist es ihr, als hätten ihre leeren, grauen Tage ein klein wenig Inhalt bekommen. Und wenn abends 400 bis 500 beschriebene Karten, sauber aufeinandergeschichtet, auf dem Tisch liegen, blickt sie heimlich mit Stolz hin.

Sie heizt jetzt manchmal, weil man im eiskalten Zimmer doch nicht stillsitzen und schreiben kann. Und wenn sie dann, den Tisch in die Nähe des kleinen Ofens gerückt, vor ihren vielen, vielen Karten sitzt und ernsthaft unendliche Reihen von Namen und Orten schreibt, ist sie fast fröhlich.

An so einem Nachmittag unterbricht der Lärm der Glocke den gleichförmigen Frieden ihrer Arbeit. Jetzt ist der Kontrollor da! weiß Susi schreckerstarrt. Sie bleibt einen Moment noch sitzen und überlegt, »wie sie gestraft werden wird«, dann räumt sie in fliegender Hast die verräterischen Karten und das Schreibzeug in den Kasten und stürzt ins Vorzimmer. Mein Gott, was soll ich denn sagen, warum ich so lange nicht aufgemacht hab ...!

»Ich komm' schon!« schreit sie heiser.

Aber dann muß sie lachen, denn es ist nicht der Kontrollor, es ist die Mitzi, die gute alte Mitzi, die fröhliche Gefährtin früherer Tage.

»Mitzi, du!« Susi ist fast gerührt. Die wenigen Stunden sorgloser Heiterkeit (die Tanzschule Bruneder, die Silvesterfeier bei Robert Wallentin) hat sie mit der Mitzi und durch sie erlebt.

»Na, wenn der Berg nicht zum Mohammed kommt!« zitiert Mitzi. Aber dann umarmt sie Susi und sagt: »Du altes Mistvieh, fein benimmst du dich zu einer alten Freundin! Jö, bei dir ist geheizt!« Mitzi zieht sofort einen Sessel zum Ofen.

»Mitzi, wieso hast du denn Zeit, nachmittags um 5 Uhr?«

»Na, wieso hat unsereins Zeit! Arbeitslos! Posten verloren!«

»Aber Mitzerl, wieso denn?«

Mitzi zuckt die Achseln. »Wieso? Gekündigt! Krank war ich, im Spital war ich, na – und jetzt bin ich arbeitslos. Aber jetzt geht's gleich in einem – jetzt laß' ich mich von der Kasse auf die Baumgartner Höhe schicken. Ich sag' halt, wer weiß, wozu es gut war! Wenigstens laß' ich mir den Lungenspitzenkatarrh einmal auskurieren. Na, hab' ich nicht recht?«

»Ganz recht hast!« sagt Susi eifrig. »Die Hauptsache ist, daß man wieder gesund wird!«

»Na – und du? Du schaust ja auch nicht grad blühend aus!«

»Ach, du weißt ja!« Susi hat sofort wieder Tränen in den Augen.

»Ich weiß, Suserl. Ich hab's gehört, wie ich aus dem Spital gekommen bin. Wenn ich nicht im Spital gelegen wär', wär' ich ja zum Begräbnis gekommen. Geh, wein nicht! Für deine arme Mutter ist es am besten! Sie hat's überstanden. Viel Freud' hat sie ja nicht mehr gehabt in den letzten Jahren.«

Susi nickt. »Wenn ich gewußt hätt', daß du im Spital liegst, hätt' ich dich besucht. Warum hast du mir nicht geschrieben?«

Mitzi macht eine abwehrende Handbewegung. »Na, und was ist mit Arbeit bei dir Neues?«

»Seit einem Vierteljahr bin ich doch arbeitslos!« Jetzt weint Susi wirklich.

»Na, und suchst dir was?«

»Mitzi«, sagt Susi feierlich. »Mitzi, ich bin nichts fürs Büro!« Sie schneuzt sich kräftig. Ich hab mich nicht getraut, der Mutter was davon zu sagen, aber aus mir wird nie, nie eine tüchtige Bürokraft! Mitzi, nie!«

»Aber deswegen muß man doch nicht weinen! Geh, du bist ein Tschapperl! Such dir halt was anderes! Am besten, du gehst irgendwo hin, wo du deine Kost hast.«

»Ich weiß, zu Kindern. Aber da muß man doch auch Sprachen können und Klavierspielen, sonst bekommt man nie einen anständigen Posten.«

»Aber das macht auch nix! Nimm irgendwas für den Anfang. Verrenn dich doch nicht in die Idee, daß du nichts kannst. Wenn du bei Kindern bist oder bei einer alten Dame oder so was, dann kannst du lernen, wie man kocht und wie man den Tisch deckt bei feinen Leuten. Vielleicht kriegst du dann einmal im Ausland einen Posten als Wiener Mehlspeisköchin, oder was weiß ich.«

»Meinst du?« fragt Susi hoffnungsvoll. »Meinst du wirklich?«

»Paß' auf, was wir tun werden! Morgen gehen wir zusammen in die Stadt und geben eine Annonce auf. Das ist das Beste. Das Geld für die Annonce geb' ich dir. Ich krieg' doch jetzt Krankengeld und muß zu Haus nichts hergeben. Die Mutter will, daß ich spar', damit ich was hab', wenn ich aus der Baumgartner Höhe zurückkomme. Wenn du einen Posten hast, zahlst du mir's zurück.«

»Mitzi, du bist ein Engel!«

»Ein Schmarrn bin ich ein Engel! Das fehlt mir noch! Deine Freundin bin ich, das ist alles! Arme Leut' müssen zusammenhalten, merk dir das!«

An diesem Abend geht Susi fast getröstet schlafen. Sie ist überzeugt, daß durch die Aussprache mit der Freundin Mitzi etwas Entscheidendes geschehen ist.

Am nächsten Morgen hat sie mit der Mitzi ein Rendezvous. Sie wollen ja zusammen in die Stadt gehen »und ein recht gescheites Inserat einschalten lassen«. Es ist jetzt 9 Uhr. Susi klinkt vorsichtig die Tür von Franzens Zimmer auf, um ihm den Kakao zu bringen. Das Zimmer ist leer, das Bett ist unberührt, Franz ist heute nachts nicht nach Hause gekommen. Susi stellt mechanisch den Kakao auf den Tisch und öffnet das Fenster. Ob sie besorgt sein soll? Ob dem Franz etwas passiert ist? Sie bleibt unschlüssig stehen und überlegt, was das bedeuten kann? Unwillkürlich schiebt sie ein paar Gegenstände zurecht, um ein bißchen Ordnung zu machen. Aus einem Buch fällt ein roter, oft zusammengefalteter Zettel. Susi weiß, was so ein Zettel zu bedeuten hat: ein Versatzschein. Was kann der Franz versetzt haben? Er hat doch nichts bei sich gehabt! Susi faltet den roten Zettel auseinander: »Ein Damenmantel – 20 Schilling.«

Ein Damenmantel, 20 Schilling. Der Susi ist es plötzlich ganz kalt geworden. Sie spürt einen leichten Brechreiz. Fast krank fühlt sie sich. Sie nimmt den Zettel an sich und geht in ihr Zimmer zurück. Langsam, fast unwillig öffnet sie den Kleiderschrank. Der Mantel ist weg. Der schwarze Wintermantel mit dem Pelzkragen, für den sie viele Monate die Raten bezahlt hat. Der schwarze Wintermantel, auf den sie so stolz war! Die Mitzi hat ihn ausgesucht. »Der ist fesch!« hat sie gesagt. Er hat zu den wenigen Stücken ihrer Garderobe gehört, in die sie verliebt war. Ein Damenmantel – 20 Schilling …

Susi beginnt mit fieberhafter Angst zu suchen. Der Mantel muß doch hier sein! Erschöpft läßt sie die Arme sinken.

Wie komme ich jetzt in die Stadt? überlegt sie. Ich kann doch nicht ohne Mantel gehen mitten im Winter? Den alten, schäbigen Mantel soll sie anziehen, den sie nur zum Einkaufen auf dem Schwendermarkt trägt? Und ordentlich gefüttert ist er auch nicht. Sie öffnet die Lade, um eine alte Wollweste der Mutter herauszuziehen. Kopfschüttelnd blickt sie auf die Unordnung. Wieso liegt denn das rote Seidenkleid, »das Silvesterkleid«, das die Mitzi gemacht hat, hier, statt ordentlich oben im Schrank zu hängen? Sie gibt das Kleid auf einen Haken. »Das versteh' ich aber wirklich nicht«, murmelt sie. Aber sie weiß, daß sie lügt. Sie versteht es ganz gut. Der Franz hat dieses Kleid auch versetzen wollen, aber der Schätzmeister hat es nicht genommen, weil die Seide nichts mehr wert ist. »Das versteh' ich aber wirklich nicht«, wiederholt sie.

Ihre Hände zittern heftig, wie sie den Schrank schließt. Erfrieren und verhungern könnt' ich, wenn es auf den Franz ankäm', das Letzte möcht' er mir wegtragen, damit er eine Nacht drahn gehen kann ... Oh du mein lieber Gott, was bin ich doch allein auf dieser Welt! Und Susi gibt es auf, sich in einen wilden Zorn gegen den Bruder hineinzusteigern. Sie lehnt sich an den alten Kasten, schutzbedürftig und hilflos, und beginnt zu weinen. Sie weiß ja, oh! Sie weiß es, daß ihr Bruder mehr genommen hat als den Wintermantel, für den man im Wiener Dorotheum 20 Schilling bekommt.

Mitzi und Susi stehen am Schreibpult der Annoncenexpedition und verfassen das Inserat.

»Wie soll ich beginnen?« fragt Susi. »Junges Mädchen sucht ... Oder meinst du, daß ich dazu schon zu alt bin?«

»Das nicht! Aber ich möcht' dir raten, schreib: ›Junge Bürokraft übernimmt ...‹«

»Aber ich will doch nicht mehr ins Büro gehen!«

»Na gut! Aber du mußt doch den Leuten klarmachen, daß du bisher auch irgend etwas gearbeitet hast. Schließlich, wenn man seit seinem 14. Jahr arbeitet, kann man doch mit 19 Jahren nicht von sich sagen, daß man nur ein junges Mädchen ist und sonst gar nichts!«

»Du hast recht! Also: ›Junge Bürokraft übernimmt jede Arbeit.‹«

»Nein, das ist doch nichts, Susi! Das schaut ja aus wie eine halbe Stunde vor dem Hungertod. Das macht keinen guten Eindruck. Nein, schreib so: ›Junge Bürokraft übernimmt auch *andere*

Arbeit.‹ Verstehst du? ›Auch andere ...‹ Das schaut so mehr nach vielseitiger Begabung aus.«

»Fein, Mitzi, und jetzt noch eine schöne Chiffre.«

»Nach Hause willst du dir's nicht schicken lassen?«

»Nein, nein!« An Zuhause will Susi heute lieber gar nicht denken.

»Also eine Chiffre«, grübelt Mitzi.

»Bescheidene Ansprüche«, schlägt Susi vor.

»Von den bescheidenen Ansprüchen wird noch früh genug die Rede sein. Du mußt damit nicht anfangen.«

»Also, sag du was.«

»Strebsam.«

»Wie?«

»Na, Zuschriften erbeten unter ›Strebsam‹ an die Expedition des Blattes. So, und jetzt lies das Ganze vor.«

Und feierlich liest Susi das gemeinsam verfaßte Werk: »Junge Bürokraft übernimmt auch andere Arbeit. Zuschriften erbeten unter Strebsam an die Expedition des Blattes.«

Später, während die beiden nach Hause gehen, sagt Mitzi zögernd: »Aber wenn du dich vorstellen gehst, zieh' den schwarzen Mantel an, nicht den. Oder hast den schwarzen nimmer?«

»Mein Gott. Mitzi, der schwarze Mantel ...«

»Hast ihn verkauft?« fragt Mitzi teilnehmend. »Ist er futsch?«

»Ich hab ihn nicht verkauft, Mitzi.« Susi schämt sich, weil sie bereit ist, sich bei der Freundin über den Bruder zu beklagen. Es ist sicher nicht fein und auch nicht charakterstark, ein angetanes Unrecht nicht allein überwinden zu können. Aber welcher Trost liegt darin, nicht immer fein und charakterstark sein zu wollen! »Mitzi, sag es niemand. Keinem Menschen, auch deiner Mutter nicht. Versprich mir's ... Der Franzl hat den Mantel versetzt.«

»Feiner Herr, der Herr Urban. Hast wenigstens den Zettel. Wieviel ist drauf?«

»20 Schilling.«

»Viel Geld. Der Schätzmeister muß danebengeschaut haben.« Mitzi seufzt tief. »Susi, ich sag' dir was. Ich hab 20 Schilling erspart, von denen die Mutter nichts weiß. Ich werd dir den Mantel auslösen, und wenn du Arbeit hast, zahlst du mir's kleinweis' zurück.«

»Das geht nicht«, protestiert Susi. »Was zuviel ist, ist zuviel. Wie kommst denn du dazu?«

Mitzi hustet. Sie muß stehen bleiben und nach Atem ringen. »Mitzerl!« ruft Susi angstvoll. Sie legt schützend den Arm um die Freundin.

»Weil du soviel Unsinn redest«, keucht Mitzi. »Wie ich dazu komme? Frag nicht so dumme Sachen. Ich soll doch nicht soviel reden an der frischen Luft.«

Der Berta erzählt Susi nichts davon, daß Franzl den Mantel versetzt und die Mitzi ihn wieder ausgelöst hat. Auch mit Franz selbst spricht sie kein Wort darüber. Bei dem Gedanken, Franz zu fragen: »Warum hast du meinen Wintermantel versetzt, du weißt doch, daß ich nur den einen habe ...«, schüttelt sie abwehrend den Kopf. Wozu ...

Nein, sie spricht zu Hause nichts darüber. Sie sperrt jetzt ihr Zimmer ab, wie die Berta. Aber sie schämt sich grenzenlos, wenn sie den Schlüssel umdreht. Nein, denkt sie, hier bin ich nicht mehr zu Hause.

Berta und Franz haben oft Streit miteinander.

»Wie kannst du es wagen, mich um Geld zu bitten?« ruft Berta empört.

»Zwei Nichtstuer soll ich erhalten? Die Wohnung soll ich allein bezahlen?«

»Ich bin kein Nichtstuer!« ruft Susi hinüber. »Und red' nicht immer davon, daß du mich erhältst. Das ist eine Frechheit!«

»Aber ich hab mir's ja nur ausborgen wollen«, sagt Franz erbittert, »ausborgen, zehn Schilling, auf ein paar Tag' ... Ihr seid Schwestern! Habe die Ehre!« Er geht weg. Schmetternd fällt die Türe zu.

Zögernd betritt Susi das kleine Geschäft: Damenmodeartikel, Alois Huber. In der Kasse sitzt ein blasses, junges Mädchen und sortiert murmelnd Kleingeld.

»Bitte, ich möchte Frau Huber sprechen«, sagt Susi heiser.

Das blasse Mädchen sieht flüchtig auf. »Frau Huber, ein Fräulein ...«

Frau Huber legt das Leihbibliotheksbuch, in dem sie gelesen hat, auf das Verkaufspult und betrachtet Susi: »Sie wünschen?«

»Bitte«, sagt Susi, »ich habe einen Brief von Ihnen bekommen.«

Und sie hält Frau Huber einen Brief hin, in dem man sie bittet, an einem der nächsten Nachmittage zwischen 2 und 3 Uhr vorzusprechen.

»Oh, Sie sind das Fräulein mit der Annonce!« ruft Frau Huber lebhaft.

»Bitte, kommen Sie in die Wohnung, Fräulein, da können wir ungestörter sprechen. Fräulein Olga, passen Sie inzwischen aufs Geschäft auf!«

Das angesprochene Fräulein Olga ordnet weiter ungestört das Kleingeld in der Kasse und nickt wortlos.

Susi aber folgt der großen, dicken Frau Huber ein wenig aufgeregt, »um mit ihr ungestört zu sprechen«.

»Hier, treten Sie, bitte, näher«, fordert Frau Huber feierlich, »hier, ins Speisezimmer.«

Das Speisezimmer der Frau Huber sieht dem, das Susis Eltern in der »großen Wohnung« hatten, zum Verwechseln ähnlich. Dieselbe dunkelgrüne Plüschdecke liegt auf dem Tisch. In der Mitte des Tisches prangt eine große, leere Silberschale. Auf der Kredenz stehen auch hier Schäfer und Schäferin, ein Zwerg, von dem Klavier sieht ernst die Büste Beethovens herab. An den Wänden hängen Familienbilder. Dieser Herr im Gehrock mit dem flotten Schnurrbart könnte ebensogut ein Jugendbildnis Onkel Eduards sein, und die lächelnde Dame mit der Wespentaille neben ihm gleicht der Tante Milli.

»Bitte«, sagt Frau Huber, »nehmen Sie Platz!«, und sie deutet liebenswürdig auf den grünen, unbequemen Diwan.

Sie selbst sitzt Susi gegenüber.

»Wie ist Ihr werter Name, Fräulein?« beginnt das Verhör.

»Susanne Urban.«

»Und was sind Ihre werten Eltern?«

»Ich habe keine Eltern mehr, gnädige Frau.«

»Das ist traurig, sehr traurig«, gibt Frau Huber ohneweiters zu. »Und was waren Ihre Eltern, wenn man fragen darf?«

»Geschäftsleute«, antwortet Susi mit bescheidenem Stolz.

»Und jetzt erzählen Sie mir ein bißchen von sich«, ermuntert Frau Huber heiter. »Was haben Sie bisher gemacht?«

»Ich war zuerst bei der Firma Adolf Habermanns Söhne und dann bei einem Anwalt.« Susi holt unschlüssig die Zeugnisse aus ihrem Täschchen.

Frau Huber nimmt die Zeugnisse an sich, aber sie liest sie noch nicht. »Und jetzt wollen Sie Ihren Wirkungskreis ein bißchen vergrößern und noch was dazu lernen?«

Susi nickt.

»Sehr gescheit von Ihnen. Also, bei uns, Fräulein, ist das so: Wir haben ein Fräulein im Geschäft und auch eine Bedienerin für die Wohnung, und ich selbst, Fräulein, ich bin überall. Im Geschäft und in der Küche, ich sitze nicht fünf

Minuten am Tag still. Überanstrengen sollen Sie sich bei uns nicht. Ein bisserl mit den Kindern spazierengehen, sehr brave, liebe, gescheite Fratzen, manchmal sind sie auch ein bisserl schlimm, wie Kinder eben sind. Aber mit Kindern muß man umgehen können, nicht wahr? Sie sind doch sicher ein energischer Mensch, nicht wahr? Na, also ... Ja, und wenn es Ihnen nichts macht, ein bisserl zuzugreifen, wenn es sein muß ... Einmal ein Handgriff im Haushalt oder im Geschäft ein wenig aushelfen, wenn die Olga einmal unterwegs ist ... Sie verstehen mich? Ich brauche einen intelligenten, energischen Menschen. Wenn Sie sich hier eingewöhnen und anschmiegsam sind, werden Sie hier leben können wie das Kind im Haus. Na, was meinen Sie, würde Ihnen das passen?« Frau Huber macht eine Handbewegung, die vielleicht andeuten soll, wie groß der Wirkungskreis ist, den sie Susi zu bieten hat.

»Oh, gnädige Frau, bitte ....«

»Und könnten Sie hier wohnen, Fräulein? Es wäre für alle Teile praktischer.«

»Ja, gewiß, das geht schon.«

»Und wie wären so Ihre Ansprüche?«

Susi räuspert sich verlegen. »Ja, wie haben Sie es sich gedacht, gnädige Frau?«

»Schauen Sie, ich denke mir so: die ganze Kost, nicht wahr? Anständige, reichliche Kost. Die Wäsche von Ihnen wird natürlich mitgewaschen, für Licht und Beheizung haben Sie auch keine Sorgen, wenn Sie hier wohnen. Na, und was braucht ein junges Mädchen noch? Nicht viel.«

Susi ist zaghaft bereit zuzugeben, daß ein junges Mädchen, wenn es jeden Tag sein Essen hat, nicht mehr viel braucht, obwohl sie vom Gegenteil überzeugt ist.

Der neue Pflichtenkreis, den Susi übernommen hat, ist groß und unbestimmt. Aber sie hat ja nicht erwartet, daß es leicht sein wird, bei fremden Leuten »wie das Kind im Haus zu leben«.

Während der ersten Woche, die als Probezeit vereinbart wurde, fragt sich Susi manchmal: Habe ich jetzt endlich einen Beruf, habe ich jetzt einen Platz auf der Welt? Sie muß sich zugeben, daß sie hier nicht lernen wird, wie man bei feinen Leuten kocht oder den Tisch deckt. Aber alle diese Fragen beantwortet nicht sie, sondern die treue Freundin Mitzi, mit der sie den ersten freien Nachmittag verbringt. Mitzi hilft ihr den Koffer packen, der rasch mit Susis Habseligkeiten gefüllt ist.

»Schau, Suserl«, sagt Mitzi, »es ist halt ein Anfang. Was soll ich viel reden, daß du den Mut nicht verlieren sollst. Mit der Zeit wirst schon selber drauf kommen, wo du hingehörst in der Welt. Das geht allen Leuten so im Leben, auch den studierten.«

Der Koffer ist gepackt, und die beiden Mädchen sitzen beisammen auf Susis Bett und essen Schmalzbrote und Äpfel, die Mitzi von zu Hause mitgebracht hat.

»Weißt, was ich mir schon oft gedacht hab, Mitzi? Warum die Leut' gar so viel davon reden, daß heutzutag' die Frauen über ihr Leben selbst bestimmen und nicht warten, bis einer daherkommt, der sie zu heiraten geruht. So wie das unsere Mütter gemacht haben. Schau, was haben wir zwei schon davon? Gut, unsere Mütter sind vielleicht nicht sehr glücklich gewesen, die Frauen damals überhaupt. Aber was haben wir erlebt, was haben wir davon gehabt, wie wir versucht haben, auf eigene Fasson selig zu werden? Einen Haufen Enttäuschungen!«

»Susi«, antwortet Mitzi leise, »du redest wie ein Kind. Du glaubst, auf eigene Fasson unglücklich zu werden, statt nach der von anderen Leuten. Du glaubst, das ist gar nix. Das ist vielleicht schon alles, was man haben kann ...«

Der Abschied von den Geschwistern ist kurz und ein wenig verlegen. Dem Franz gegenüber hat Susi fast ein schlechtes Gewissen (sie sagt sich natürlich, daß das ein Blödsinn ist), weil sie aufgehört hat Paradeissauce, Käsenudeln und Kakao für ihn zu kochen und seine Socken zu waschen und zu stopfen.

Aber der Franz scheint sie und ihre Fürsorge gar nicht vermißt zu haben. Er ist strahlender Laune und bemerkt gar nicht, daß seine kleine Schwester im Begriff ist auszuziehen. Unsere Opfer, und wenn sie noch so groß sind, bedeuten für den anderen niemals so viel, wie für uns selbst.

Der Franz hat überraschenderweise einen neuen Anzug an, dreht und wendet sich eitel vor dem Spiegel und fragt immer wieder: »Fesch, gefall' ich dir?«

»Hast Arbeit gefunden?« fragt Susi schüchtern.

»Ganz große Sache«, sagt Franz beiläufig. Nach Susis Arbeit fragt er nicht, und ihren Erklärungen hört er mit zerstreuter Miene zu.

Aber die Berta hört zu. Sie schaut die jüngere Schwester nachdenklich und traurig an. »Zu ganz fremden Leuten willst du ziehen, Susi, wirst du denn das aushalten?«

Susi ist von dem Ton der Schwester betroffen. »Na, versuchen kann ich's ja«, sagt sie unsicher.

»Wenn es dir nicht mehr g'fallt, gehst du. Und wenn sie versuchen, einen Dienstboten aus dir zu machen und dich auszunützen, packst du sofort deine Siebensachen und ziehst aus.« Und Berta küßt die Schwester auf beide Wangen. Susi wird rot bei der ungewohnten Berührung.

»Ich wollt', du würdest bleiben und der Franz gehen«, flüstert Berta und verdreht die Augen dabei.

Susi muß lachen. »Aber geh, der Franz hält es doch nicht lang in Wien aus. Sicher fährt er bald wieder weg.«

»Hoffentlich. Laß' von dir hören, Susi. Grüß dich Gott!«

Und so verläßt Susi Urban die Wohnung und das Haus, in dem sie aufgewachsen ist. Sie geht weg. Nicht mehr das jüngste Urban-Kind, sondern Susi Urban, deren Leben jetzt beginnen soll.

Sie geht die Stufen hinunter, im ersten Stock bleibt sie stehen. »Der Pechacek muß ich adieu sagen.«

»Aber tummel dich«, fordert Mitzi. »Sei nicht so gerührt, du fährst ja nicht nach Amerika.«

Frau Pechacek öffnet sofort. »Fahren Sie weg, Susi?« fragt sie mit einem Blick auf den Koffer.

»Nein, nein, das nicht. Nur eine Stellung ganz im Haus ...«

»Als Gesellschafterin«, vollendet Mitzi entschieden. »Bei sehr feinen Leuten.«

»Als Gesellschafterin«, wiederholt Frau Pechacek respektvoll.

»Das ist recht, daß Sie sich bissel in der Welt umschauen, solang' Sie jung sind. In was für einen Bezirk ziehen Sie denn?«

»In den fünften, nach Margareten.«

»Nach Margareten.« Frau Pechacek ist auch damit einverstanden. Sie findet, es ist ein interessanter Bezirk, »wo mehr los ist als hier bei uns.« Und sie prophezeit der Susi ein großes Glück in ihrer neuen Eigenschaft als Gesellschafterin bei feinen Leuten ...

Beim Haustor steht die Hausmeisterin im Gespräch mit der Frau Langer.

»Sie ziehen aus, Fräulein Susi?«

»Nein«, sagt Susi rasch, »nur eine Stellung ganz im Haus. Ich komm' bald her auf Besuch.«

»Hat der Herr Bruder schon eine Arbeit?«

»Ja, ja, auf Wiedersehen!«

Und dann gehen die beiden, Susi und Mitzi, den Koffer in der Mitte, zur Straßenbahn. Susi wirft noch einen letzten Blick auf die Stelle, wo früher das stolze Schild gehangen: Anton Urban, Kerzen, Seifen und Parfümerien ... Sie gehen vorbei an dem Schönbrunner Vorpark ...

»Weißt noch, Mitzi, wie wir hier als kleine Kinder Verkaufen gespielt haben? Und ich war immer die Geschäftsfrau.«

Mitzi nickt. »Man hat in jedem Alter eine andere Freud'!« sagt sie philosophisch.

Und da am Eck ist das kleine Kino, in dem Susi soviel neue Freuden kennengelernt hat und in das sie später oft geflüchtet ist, um Enttäuschungen und Kränkungen zu vergessen und vielleicht auch im Dunkeln heimlich zu weinen.

Da kommt die Straßenbahn. »Bleiben wir mit dem Koffer auf der Plattform«, schlägt Mitzi vor.

Es ist ein milder, warmer Tag im Jänner, einer dieser Tage, an denen uns der Frühling mitten im Winter verspricht, daß er doch wieder kommen muß.

Der Wagen fährt durch die dämmernde Mariahilfer Straße. Neben dem Maronibrater steht schon die Blumenfrau und verkauft die ersten Schneeglöckchen. Die Menschen gehen rasch mit ernsten, versorgten Mienen und scheinen alle ein Ziel zu haben in der Welt. Die Susi kennt hier alle Schaufenster und alle Namen. Bald muß sie in eine andere Tramway umsteigen, um sich von ihr in den neuen Bezirk führen zu lassen ...

Wir sehen ihr noch lange, lange nach, der kleinen Susi Urban, die hier mit der roten Straßenbahn davonfährt, um in das ernste, gefahrenvolle Leben zu kommen, das Leben einer alleinstehenden, arbeitenden Frau.

Wenn sie tüchtig ist, wird sie das Glück finden. Nicht das ganz große Glück, vielleicht nur ein bescheidenes, kleines, auf das jeder Mensch im Leben Anspruch hat. Die brave Köchin Marie hat es gesagt.

Es ist schon so lange her ...

ENDE

Wiener Tag, Dezember 1936

Anke Heimberg

Nachwort

Als der links-liberale »Wiener Tag« am 6. Dezember 1936 mit dem Abdruck von Lili Grüns drittem Roman *Junge Bürokraft übernimmt auch andere Arbeit ...* begann, stellte er sie und ihr Werk seinen Lesern und Leserinnen vorab wie folgt vor: »Die Autorin unseres neuen, heute beginnenden Romans ›Junge Bürokraft übernimmt auch andere Arbeit‹ ist eine junge Wiener Schriftstellerin, die gleich mit ihrem ersten Buch, dem Roman ›Herz über Bord‹, als eine Erzählerin von besonderer Eigenart Aufsehen erregte. In ihrem zweiten Roman, ›Loni in der Kleinstadt‹ [...] hat Lili Grün, die selbst Schauspielerin war, eine ihrer Kolleginnen den stillen Kampf um die Erfüllung erleben lassen. [...] Ihr neuester Roman, der unmittelbar nach seiner Vollendung nun im ›Wiener Tag‹ zum Erstabdruck gelangt, zeigt Lili Grün bereits als eine reife Persönlichkeit. Es ist ein Wiener Roman und ein kleines Mädchen, das tapfer mit dem Leben herumrauft, seine Heldin. Mitten aus der Wirklichkeit heraus greift Lili Grün das Schicksal dieser ›Bürokraft‹ und um sie wird die Stadt in ihrer unmittelbaren Gegenwart mit vielen Menschen, die wir kennen, lebendig hingestellt, vertraut und doch von einer jungen, selbst in dieser Zeit verwurzelten Dichterin wie neu gesehen. Ein ganzer Stadtteil steht in echter Wiener Luft vor dem Leser da, und aus hundert kleinen Beobachtungen setzt sich ein liebevolles Lebensbild von heute zusammen. Der Erfolg der ersten Romane von Lili Grün wird – so hoffen wir – von ihrem jüngsten Werk noch übertroffen werden. Unsere Leser haben jedenfalls Gelegenheit, nach einem ersten, unbefangenen Eindruck das entscheidende Urteil über ein künftiges Buch zu sprechen. Wir freuen uns, Ihnen gerade diesen Roman bieten zu können, der in unserem Blatt zu erscheinen beginnt, ehe sein Schluß noch recht die Schreibmaschine verlassen hat.«[1]

Wie der Einführung des »Wiener Tag« zu entnehmen ist, hatte die 32-jährige Lili Grün zu diesem Zeitpunkt bereits mit einigem Erfolg zwei Romane publiziert. Ihr vielversprechendes Debüt als Schriftstellerin hatte sie mit dem lebendigen Berliner Kabarett-Roman *Herz über Bord* gegeben, der im Frühjahr 1933 im renommierten Wiener Paul Zsolnay Verlag erschienen war. Ende der 1920er-Jahre, als Lili Grün offenbar noch auf eine Karriere als Schauspielerin hoffte, hatte sie ihrer Heimatstadt Wien den Rücken gekehrt, um in der glitzernden Theater- und Filmmetropole Berlin in ihrem Wunschberuf endlich einen entscheidenden Schritt voranzukommen. Wie sie Emanuel Häußler vom »Neuen Wiener Tagblatt« verriet – dieser konnte die frisch gebackene Roman-Autorin kurz nach

Erscheinen von *Herz über Bord* offenbar eingehend zu ihrem bisherigen Werdegang und den Hintergründen ihrer Berliner Kabarett-Story befragen –, hatte sie sich von der schillernden Welt des Theaters von Kind an angezogen gefühlt. Häußler umschrieb die frühe und anhaltende Begeisterung Lili Grüns für das Theater folgendermaßen: »Was wollen unter zehn jungen, aufgeweckten Wiener Mädchen, die schon als Kinder irgendwie mit dem Theater in Berührung kamen, neun? Zur Bühne natürlich.«[2]

Als junges Mädchen war Lili Grün auf ihrem Weg zur Bühne offenbar zunächst in schmalen Kinderrollen, später in kleinen Rollen als Statistin und Komparsin an Wiener Theatern aufgetreten. Meinen Recherchen in Theaterzettel-Konvoluten verschiedener Wiener Bühnen zufolge spielte Lili Grün beispielsweise am »Deutschen Volkstheater« in Wien in der Aufführung von Henrik Ibsens Drama *Peer Gynt* die Rolle eines Trolls. Das Stück, das am 20. März 1920 unter der Regie von »Volkstheater«-Direktor Alfred Bernau und mit den SchauspielerInnen Franz Everth, Paula Janower und Liselotte Denera in den tragenden Rollen Premiere hatte, wurde in den Wiener Feuilletons als voller Theatererfolg gefeiert und erreichte bis zum Jahr 1924 insgesamt beachtliche 60 Vorstellungen.[3]

Da die Ausbildung zur Schauspielerin nach dem Ersten Weltkrieg noch immer vorwiegend auf der Basis privaten Unterrichts erfolgte, hatte vermutlich auch Lili Grün – neben ihrer Beschäftigung als Statistin und Komparsin an Wiener Theatern – Schauspielstunden bei einem älteren und erfahrenen Schauspielerkollegen oder einer Schauspielerkollegin. Das damals übliche Anfängerin- oder Gastspiel-Engagement könnte die junge »Theaterelevin« – als solche ist Lili Grün, wie meine Recherchen ergaben, etwa im Sommer 1921 auf ihrem Wiener Meldezettel verzeichnet[4] – an ein Theater in der Provinz geführt haben. So jedenfalls ließe sich beispielsweise Emanuel Häußlers kleine Anspielung lesen, der dazu im »Neuen Wiener Tagblatt« schrieb: »Aber mögen auch Begeisterung und Talent noch so groß sein, der Weg führt, wenn nicht Wunder geschehen, zu einer besseren Schmiere«.[5] Denkbar wäre auch, dass Lili Grün, ähnlich wie die Titelheldin ihres 1935 nachfolgenden, autobiographisch geprägten Theater-Romans *Loni in der Kleinstadt*, ihr Debüt an einer deutschsprachigen Bühne in der tschechischen Provinz gefeiert hatte. Zu jener Zeit erlaubte sich dort noch fast jeder größere Ort ein Theater, was die Möglichkeiten angehender junger SchauspielerInnen und ihre Chancen auf ein erstes Engagement enorm erweiterte.

In Wien hatte Lili Grün in den 1920er-Jahren überdies als Darstellerin bei einer jungsozialistischen Schauspielergruppe mitgewirkt. Ihr Durchbruch als Schauspielerin blieb ihr jedoch

Lili Grün (um 1926)

bis Ende der Zwanziger weiter versagt. Und auch in Berlin, »diesem Babel der Lebensfreude, der tobenden Arbeitsenergie, des künstlerischen Experiments«,[6] wohin sie sich vor der im Zuge der Weltwirtschaftskrise herrschenden hohen Arbeitslosigkeit in der Donaumetropole geflüchtet hatte,[7] ließ sich ihr Traum von einem festen Engagement als Schauspielerin offenbar nicht realisieren. Die einst vielfältige und breit gefächerte Berliner Theater- und Filmszene litt Ende der 1920er-Jahre ebenso unter den verheerenden Folgen der Depression und reagierte darauf mit diversen Sparmaßnahmen wie Zusammenlegungen und Schließungen von Bühnen bzw. Studios, Etatkürzungen, Produktionseinschränkungen, Verkürzungen der Spielzeit und Personalentlassungen, was auch hier die Zahl der arbeitslosen KünstlerInnen enorm hatte ansteigen lassen. »Man wird ohne Übertreibung annehmen dürfen, daß es in einer Stadt wie Berlin bedeutend mehr engagementslose Schauspieler gibt als solche mit Engagement«, konstatierte der Schriftsteller und Publizist Erich Kästner bereits im April 1929 in der »Neuen Leipziger Zeitung«.[8] Regelmäßig erreichten die Berliner Zeitungen Leserbriefe über die damit einhergehende Not und die wachsende Verelendung der SchauspielerInnen: »Täglich laufen in der Redaktion eine Anzahl erbitterter und anklägerischer Briefe von stellungslosen Angehörigen des Schauspielerberufs ein«, berichtete beispielsweise die Berliner Abend-Zeitung »Tempo« in ihrer Ausgabe vom 22. Mai 1931.[9]

Und doch hatte sich Lili Grüns Entscheidung, ihr Glück in Berlin zu versuchen, aller Widrigkeiten zum Trotz letztlich als richtig, sprich als für sie förderlich erwiesen – wenn auch auf andere Weise als die erhoffte. Zum einen fand Grün wohl in Berlin ernsthaft zum Schreiben: Ende der 1920er-Jahre hatte sie begonnen, ihre frechen

Gedichte und amüsanten, mitunter bissig-anekdotischen Geschichten im Feuilleton angesagter Zeitgeist-Blätter wie »Tempo« (Berlin) und »Uhu« (Berlin) zu veröffentlichen, aber auch renommierte Zeitungen wie das »Berliner Tageblatt«, das »Prager Tagblatt« und der »Wiener Tag« druckten ihre feinen literarischen Miniaturen. Unter dem Titel *Mädchenhimmel!* konnten 2014 die von mir in zeitgenössischen deutschsprachigen Zeitungen und Zeitschriften aufgefundenen Gedichte und Geschichten Lili Grüns erstmals in einem Sammelband im AvivA Verlag erscheinen.[10] Der Tonfall ihrer heiter-melancholischen Gedichte verweist bisweilen auf berühmte neusachliche Zeitgenossen wie Erich Kästner oder Kurt Tucholsky, und doch beschreibt Grün mit ihrer ganz eigenen Note etwa die Sehnsüchte junger, moderner, selbstbewusster ›Neuer Frauen‹ am Ende der Zwanziger Jahre – hin- und hergerissen zwischen Autonomie, Selbstbehauptung und der Suche nach dem ›Traummann‹. Freimütig und selbstironisch berichtet sie von wechselnden Verliebtheiten und enttäuschten Lieben, endlosen einsamen Großstadttagen und besser rasch zu verdrängenden Nächten. In einigen ihrer kleinen (Bühnen-) Geschichten, aber auch in ihrem wenig später veröffentlichten, autobiographisch inspirierten Berlin-Roman *Herz über Bord* verarbeitet sie zum Beispiel ihre herbe Enttäuschung darüber, sich als Schauspielerin nicht durchgesetzt zu haben: »Eines Tages hat man wieder zu tun. Bei der Bühne der Unvollendeten oder dem Theater der Jungen. Man probt Abend für Abend in kleinen, billigen Gasthäusern. Man probt die Nächte durch, schwindlig vor Hunger und Schlaf. Die wichtigsten Persönlichkeiten von Film, Theater und Presse haben bereits ihr Erscheinen zugesagt, aber übermorgen ist der Erste ... Vierzig Reichsmark sind so viel, so viel Geld, kein Mensch, selbst der nicht, der an Wunder glaubt, kann hoffen, daß man es übermorgen haben wird. [...]. Das Theater der Jungen ist vorüber, die Bühne der Unvollendeten lebt nicht mehr, aber man ist nicht entdeckt worden. In irgendeiner Zeitung ist gestanden, daß man begabt ist, und in einer anderen, daß man Charme hat und daß es schade ist. Du lieber Gott, und wie schade!«[11]

Zum anderen war Lili Grün in Berlin auf einen Kreis gleichgesinnter, vergleichbar ›abgebrannter‹ KünstlerInnen getroffen, die ebenso wie sie auf eine gute Gelegenheit warteten, endlich erfolgreich Fuß fassen zu können.[12] Nach meinen Recherchen fanden sich schließlich im Frühjahr 1931 gut zwanzig junge ›Kreative‹, darunter bis dahin völlig unbekannte, aber auch eine Reihe bereits arrivierter KünstlerInnen, im politisch-literarischen Kabarett »Die Brücke« zusammen.[13] Künstlerischer Leiter des bunt zusammengewürfelten Kollektivs, das auf Teilung spielte, war der links-politisch engagierte Berliner Kabarett-Autor Julian Arendt, der mit beißenden Politsongs wie der *Dolchstoßlegende* oder *Das Seifenlied* zu dieser Zeit bereits einen gewissen Bekanntheitsgrad hatte. Die musikalische Direktion verantwortete, wie zeitgenössische Presse-Kritiken vermuten lassen, der vielversprechende Komponist Erwin Straus, Sohn des berühmten österreichischen Operettenkomponisten Oscar Straus.[14] Er begleitete die »Brücke«-KünstlerInnen, neben anderen jungen Musikern, auch am Klavier. Die junge Schauspielerin und Lyrikerin Margarethe Voss konferierte das abendfüllende Kabarett-Programm. Zu den damals schon bekannteren KünstlerInnen im Kollektiv zählten der vom Berliner Arbeiterpublikum wegen seiner scharfen, sozialanklägerischen Politlieder wie der Antikriegs-*Ballade von der Krüppelgarde* als ›Barrikaden-Tauber‹ gefeierte, links-revolutionäre Sänger und Schauspieler Ernst Busch sowie der ihn am Klavier unterstützende Komponist und Pianist Hanns Eisler. Auf den Berliner Kabarettbühnen der 1920er-Jahren bereits einen Namen gemacht hatten sich auch die Chansonnièren und Schauspielerinnen Dora Gerson und Annemarie Hase. Hase parodierte im »Brücke«-Programm zudem gemeinsam mit Lili Grün in einem Sportpalast-Sketch von Julian Arendt eine Sechstagerennfahrer-Braut. Zu denen, die erst später berühmt werden sollten, gehörten zum Beispiel der Berliner Schauspieler und Kabarettist Erik Ode sowie der junge Berliner Komponist und Pianist Günter Neumann: Ode wurde als »Kommissar Keller« in der ab Ende der 1960er-Jahre ausgestrahlten TV-Krimiserie *Der Kommissar* einem großen Publikum bekannt; Neumann gründete 1948 das Rundfunk-Kabarett *Die Insulaner*, das sich in den 1950er-/1960er-Jahren zu einer der beliebtesten Sendungen im Berliner Rundfunksender RIAS entwickelte. Lili Grün rezitierte im »Brücke«-Kabarett außerdem eigene Gedichte. Die von mir aufgefundenen Presse-Kritiken zur »Brücke« enthalten allerdings keinerlei Hinweis darauf, welche Gedichte Grün dort im Einzelnen vortrug. Doch ist zu vermuten, dass es sich bei den »witzig-sentimentale[n] Gedichte[n]«, von denen beispielsweise die renommierte Berliner »Vossische Zeitung« in ihrer Kritik vom 7. Mai 1931 schwärmte, um den ein oder anderen Lyrik-Beitrag gehandelt haben könnte, den Lili Grün Ende der 1920er-Jahre in verschiedenen Zeitungsfeuilletons hatte unterbringen können. Nachdem die »Brücke«-Gruppe Anfang Mai 1931 zum ersten Mal ihr »Sommer-Gastspiel« im Keller-Theatersaal des berühmten politisch-literarischen Kabaretts »Die Katakombe« von Werner Finck und Rudolf Platte im Berliner »Künstlerhaus« gegeben hatte, befand die Hauptstadt-Presse wohlwollend: »Die ›Brücke‹ ist nicht die ›Katakombe‹. Aber es ist Frühling, und es ist gut, wenn jungen, begabten Schauspielern überhaupt die Gelegenheit gegeben wird, zu arbeiten.«[15] Mangels Publikum war diese »Gelegenheit« jedoch schon nach wenigen Wochen wieder vorbei – das »Brücke«-Kabarett musste schließen.

Nach einer für sie produktiven, zugleich aber auch arbeitsintensiven und damit aufreibenden Zeit in Berlin – ihre künstlerischen Aktivitäten hatte Lili Grün über ihre Arbeit als Aushilfe in einer Berliner Café-Konditorei bestreiten müssen – war sie lungenkrank nach Wien zurückgekehrt.[16] Während Grün ihre Tuberkulose in einem Sanatorium zu heilen versucht hatte, hatte sie begonnen, ihre persönlichen Erfahrungen als Schauspielerin in Berlin sowie ihre Erlebnisse und Begegnungen rund um Gründung und Scheitern des Berliner Kabaretts »Die Brücke«, das als Kabarett »Jazz« in den Roman einging, niederzuschreiben.

Durch die Vermittlung des bekannten österreichischen Romanciers und Zsolnay-Autors Robert Neumann war Lili Grüns Erstling 1933 dann sogleich ins Frühjahrsprogramm des renommierten Wiener Verlags aufgenommen worden.[17] Ihr Debüt-Roman war dabei vor allem von der sozialdemokratischen und bürgerlich-liberalen Wiener Presse begeistert aufgenommen worden. Hanns Margulies hatte *Herz über Bord* im »Wiener Tag« gleich in zwei Beiträgen besprochen und ihn mit den neusachlichen Romanen der Erfolgsautorinnen Irmgard Keun und Joe Lederer verglichen. Auf ihn wirkte der Erstling der 29-jährigen Grün nicht wie das Buch einer »Anfängerin«, da sie »so viel Sicherheit, so viel Geschlossenheit, so viel Sachlichkeit« mitbringe, wie er in seiner Rezension vom 27. März 1933 betonte. Der Roman sei »prachtvoll, [...] weil er rein und wahr ist« und die LeserInnen »durch seine verborgene Klugheit, durch die Reinheit des Gefühls und die Herzlichkeit, die er ausströmt«, gewinne. Die Literaturkritiker verstanden Grüns Roman vor allem als Dokument der Zeit und der jungen Generation und stellten der jungen Autorin angesichts der überzeugenden literarischen Qualität von *Herz über Bord* eine erfolgreiche Zukunft in Aussicht. »Sie wird ihren Weg machen«, war sich ihr literarischer Förderer Robert Neumann in seiner Kritik vom 7. Juli 1933 in der »Neuen Freien Presse« sicher. Ende September 1933 hatte der Paul Zsolnay Verlag Lili Grüns Roman *Herz über Bord* neben dem ebenfalls von ihm publizierten Erstlingsroman *Kati auf der Brücke* der jungen Schriftstellerin und Journalistin Hilde Spiel für den Julius-Reich-Dichter-Preis vorgeschlagen, der in den 1930er-Jahren alljährlich an »begabte aufstrebende Dichter« vergeben wurde.[18] Im selben Jahr war Herz über Bord im Budapester Dante-Verlag in ungarischer Übersetzung erschienen, 1934 hatte der Mailänder Genio-Verlag, eine Tochtergesellschaft des Dante-Verlags, die italienische Ausgabe des Romans herausgebracht. Die Neuausgabe dieses einst so erfolgreichen Romans folgte erst mehr als 75 Jahre später, als *Herz über Bord* – um meine ersten eingehenden bio-bibliographischen Informationen zu Lili Grün ergänzt – im Herbst 2009 im AvivA Verlag unter dem aktualisierten Titel *Alles ist Jazz* erscheinen konnte.[19]

Nach einer von Zsolnay mitfinanzierten mehrwöchigen Kur in einem Lungensanatorium in Meran, mit der Grün im Frühjahr 1935 ihre Tuberkulose-Erkrankung abermals zu überwinden versuchte, hatte sie auch ihren neuen Roman *Loni in der Kleinstadt* abschließen können. Dazwischen lagen gemeinsame Aufenthalte mit ihrem Lebensgefährten, dem Wiener Journalisten und Schriftsteller Ernst Spitz, in Prag 1933/34 und Paris 1934/35. Hiervon hatte sie sich Impulse für ihr neues, von Robert Neumann angeregtes und abermals protegiertes Roman-Projekt *Loni in der Kleinstadt* erhofft. Ab dem 7. August 1935 hatte der »Wiener Tag«, der in den 1930er-Jahren auch regelmäßig Gedichte und Geschichten Lili Grüns publizierte,[20] begonnen, den »überaus amüsante[n] Theaterroman« über die Erlebnisse einer jungen Schauspielerin während ihres ersten Engagements in einer tschechischen Kleinstadt in Fortsetzungen vorabzudrucken.[21] Gut zwei Monate später hatte Zsolnay den Bühnen-Roman in seiner Zürcher Bibliothek zeitgenössischer Werke herausgebracht. In ihrem zweiten Roman *Loni in der Kleinstadt* zeige sich, so der »Wiener Tag« vom

6. Dezember 1936, »eine Dichterin, die Menschen und ihr Milieu mit Liebe sieht und doch mit einer unbefangenen humorvollen Überlegenheit zu schildern weiß, die das Tempo der Zeit nicht daran hindern kann, Aufmerksamkeit und Sympathie für das Schicksal kleiner Leute zu wecken, die in einer unkitschigen Wirklichkeit beobachtet und sie mit sehr viel klugem und herzlichem Verstehen darstellt.« Der anerkannte Prager Literaturkritiker Ludwig Winder urteilte in der »Deutschen Zeitung Bohemia« vom 10. November 1935, Grüns Bühnen-Roman sei »ebenso klug wie anmutig« und trage zweifellos »den Stempel des Erlebten«. Seit Frühjahr 2011 ist dieser unter dem zeitgemäß klingenden Titel *Zum Theater!* im Berliner AvivA Verlag von mir neu herausgegebene Roman nun auch wieder für heutige LeserInnen zugänglich.[22]

Wie in ihre vorangegangenen Romane hat Lili Grün auch in ihr Werk *Junge Bürokraft übernimmt auch andere Arbeit ...* eigene biographische Elemente bzw. Konstellationen mehr oder weniger modifiziert verwoben. Ebenso wie beispielsweise die Eltern ihrer Protagonistin Susi Urban, angesehene »›Geschäftsleute‹«, die ein »schönes Geschäft« (»Anton Urban, Kerzen, Seifen und Parfümerien«, S. 15f) in der westlichen Wiener Vorstadt führten, besaßen Lili Grüns Eltern, der aus dem ungarischen Élesd stammende Wiener »Schnurrbartbindenfabrikant, Parfümeriewaren- und Friseurbedarfsartikelhändler« Hermann (Ármin) Grün[23] und seine Wiener Frau Regine (Regina), geborene Goldstein, einen kleinen Betrieb: im heutigen 15. Wiener Gemeindebezirk Rudolfsheim-Fünfhaus. Seit 1909 befand sich das Geschäft der Grüns im Erdgeschoss des Hauses Arnsteingasse 33, einer Seitenstraße der Mariahilfer Straße; die Familien-Wohnung lag direkt darüber. Wahrscheinlich wird auch die 1904 geborene Elisabeth »Lili« Grün als jüngstes Kind der Familie und verwöhnter »›Spätling‹« ähnlich ihrer fiktionalen Heldin ihre Kindheit als »herrliche, ungebundene Zeit« (S. 17) erlebt haben – doch im Gegensatz zu Susi Urban war sie das jüngste von vier, nicht von drei Geschwistern. Und ebenso wie ihre Protagonistin, wenngleich in umgekehrter Reihenfolge und unter etwas anderen Umständen, verlor auch Lili Grün ihre Eltern bereits in jungen Jahren: Als Elfjährige erlebte sie, wie ihre Mutter im August 1915 im Alter von nur 47 Jahren infolge einer unentdeckten Herzmuskelentzündung überraschend an einem Hirnschlag starb.[24] Nachdem im August 1914 bereits ihr älterer Bruder, der Jurastudent Karl Grün, zum Kriegsdienst eingezogen worden war, wurde im Frühjahr 1916 auch Lili Grüns Vater an die Front beordert. Ármin Grün überlebte seinen Feldeinsatz zwar, zog sich im Krieg aber ein chronisches Nierenleiden zu, dem er Anfang 1922 mit 56 Jahren erlag.[25] Nach dem Tod des Vaters führten Lili Grün und ihre

Geschwister das elterliche Geschäft nicht weiter.[26] Dass sie die weiblichen Hauptfiguren in ihren autobiographisch gefärbten Romanen stets als Halb- oder Vollwaise gestaltete, deutet darauf hin, dass die bereits mit 17 Jahren elternlos gewordene Lili Grün diese frühen Verluste, vor allem aber den frühen Verlust ihrer Mutter, vermutlich als Trauma erlebte, das sie literarisch zu verarbeiten suchte. In den Vorgängerromanen *Herz über Bord/Alles ist Jazz* und *Loni in der Kleinstadt/Zum Theater!* skizziert sie insbesondere die Auswirkungen einer mutterlosen Kindheit; dagegen rückt sie im Roman *Junge Bürokraft übernimmt auch andere Arbeit ...* den früh verstorbenen Vater Anton Urban in den Focus: »Die Zeit, in der es schön war, zu Hause zu sein, ein Kind zu sein, die Zeit ist lange vorüber und war sehr kurz. Die Zeit, wie Vater noch lebte«, charakterisiert die Autorin das abrupte Ende von Susis bis dahin behüteter Kindheit (S. 15).

Während in den Kabarett- und Theater-Romanen die Künstler-Boheme und die Welt des Theaters für ihre Protagonistinnen eine zentrale Rolle spielen, blendet Lili Grün in *Junge Bürokraft übernimmt auch andere Arbeit ...* diesen Komplex dagegen vollständig aus. Tatsächlich ging Grün nach Abschluss der Volks- und Bürgerschule entgegen ihrer Leidenschaft für die Schauspielerei nicht sofort zur Bühne. Möglicherweise um in ›schlechten Zeiten‹ auf einen soliden Beruf zurückgreifen zu können, erlernte sie, das ist ihren Meldezetteln zu entnehmen, ihrer Roman-Heldin Susi Urban gleich zunächst den Beruf der Kontoristin.[27] Wie schon in ihrem Theater-Roman *Loni in der Kleinstadt/Zum Theater!* wird in ihrem Angestellten-Roman deutlich, dass Grün an der monotonen, langweiligen und schlechtbezahlten Arbeit im Kontor einst wohl wenig Gefallen fand bzw. darin nicht mehr als ein notwendiges Übel zum ›Broterwerb‹ gesehen haben dürfte. »›Das ist kein Beruf für mich ...‹«, klagt denn auch die junge Bürokraft Susi Urban im Roman (S. 115), und: »›... ich bin nichts fürs Büro!‹« (S. 175). Anders als in ihrem Theater-Roman bzw. darüber hinaus dient Grün das kritische Bild, das sie in *Junge Bürokraft übernimmt auch andere Arbeit ...* vom Beruf der weiblichen Angestellten, speziell der Büro-Angestellten, zeichnet, aber vor allem auch dazu, das Frauenideal der 1920er-Jahre mit seinen Ambivalenzen und Unvereinbarkeiten zu hinterfragen, wurde doch gerade das »›Büromädel‹« (S. 104) mit dem Typ der modernen, emanzipierten ›Neuen Frau‹ assoziiert.[28] Neben Susi Urban verkörpert insbesondere deren ›beste Freundin‹ Mitzi Holub, Lehrling und Angestellte bei einer Schneiderin, das (Leit-)Bild der ›Neuen Frau‹, an dem sich die junge Roman-Heldin zu orientieren sucht. Mitzi hat sowohl die mit dem neuen Frauenideal verbundenen modischen äußeren Attribute als auch die vermeintlich ›richtigen‹ inneren Einstellungen –

besonders in Bezug auf die Geschlechterbeziehungen – perfekt internalisiert. Die schlanke, junge Frau trägt den Rock selbstverständlich kniekurz und ihre kleine Mütze sitzt nicht gerade, sondern keck und daher »ganz schief« auf ihrem hellblonden, zum Bubikopf, später gar Etonkopf gestutzten Haar: »›Wie ein Mädel auszuschauen ist gar nicht mehr modern‹«, so Mitzi. »›Etonkopf, Knabenfigur, so schaut man jetzt aus.‹« (S. 134f.) Und wie ein »›altvaterisch(es)‹« (S. 57) Mädel zu denken, geht gleich gar nicht. Im Gegensatz zur vorigen Frauengeneration vertraut Mitzi also nicht länger auf eine Versorgerehe, sondern ausschließlich auf sich selbst: »›Hauptsache ist, man hat Arbeit und ist gesund.‹« (S. 137) Dabei ist sie resolut, selbstbewusst und schlagfertig – in Bezug auf Männer, die sie prinzipiell nicht ernst nimmt, hat Mitzi stets einen frechen Spruch auf den Lippen: »›Mein Gott, die Männer!‹ Und welterfahren zuckt sie die Achseln. ›Die Männer muß man ausnützen!‹« (S. 86) »›Die Männer sind zum Unterhalten da‹«, ist sich Mitzi sicher, »›sonst zu gar nix!‹« (S. 143) Dagegen durchläuft die traditionell sozialisierte Susi Urban die Entwicklung zur ›Neuen Frau‹ – im Roman durch Mitzi angeleitet – offenbar nur auf der äußeren Ebene. Zwar fällt auch bei Susi der blonde, lange Zopf, lernt sie sich im kurzen Kleid zu den damals angesagten Tänzen Shimmy und Two-Step zu drehen und gibt das im Firmen-Kontor ihres Onkels

Eduard oder in der Kanzlei von Rechtsanwalt Doktor Müller sauer verdiente Geld fürs Kaffeehaus, fürs Schwimmbad und – wie alle »kleinen Ladenmädchen«[29] – gern fürs Kino aus. Doch erlebt die von Kind an mehr an der Hauswirtschaft interessierte und ›häuslich‹ orientierte Susi Urban (»Warum hat Gott sie so unmodern geschaffen?«, S. 146) die Berufstätigkeit und die damit einhergehende ökonomische Unabhängigkeit und Selbstbestimmung der Frauen ihrer Zeit nicht als Befreiung, sondern als individuelle Überforderung und gesellschaftlich verordnete Zumutung: »Darf von deinen allerheimlichsten Träumen, in denen du Knödel kochst, Fleisch brätst und Torten bäckst, überhaupt die Rede sein. Manchmal siehst du dich in einer Küche stehen, die Töpfe rücken und verzweifelnd auf die Uhr blicken, weil das Essen schon fertig ist, während der Mann Egon noch immer nicht nach Hause kommt … Der Mann Egon … wie lächerlich, davon nur zu träumen! Was ist ein Beruf für dich, Susi Urban, die du so gerne eine Frau sein möchtest und die erlernen muß, eine tüchtige Bürokraft zu werden!« (S. 116) Ebenso wenig kommt Susi Urban mit dem pragmatischen Umgang, den ihre Freundin Mitzi mit Männern bzw. in Bezug auf ihre Männer-Beziehungen pflegt, zurecht: »Ich erlern' das Feschsein nie, nie« (S. 129). Verknüpft mit dem neuen Frauenideal und dem damit einhergehenden veränderten Geschlechterrollenverständnis werden

den jungen, selbstbestimmten ›Neuen Frauen‹ der Zeit nun zwar ebenso wie ihren männlichen Geschlechtsgenossen scheinbar ganz selbstverständlich – und so auch auf der fiktionalen Ebene widergespiegelt – nicht-eheliche Beziehungen eingeräumt: »›Heutzutage muß man sein Leben genießen. [...] Denn mit der Anständigkeit ist heutzutag' einmal gar nichts anzufangen! Gar nichts!‹« (S. 41f.) Da diese sich jedoch durch eine gewisse unverbindliche Oberflächlichkeit und Unstetigkeit auszeichnen, verlaufen sie vielfach auch unbefriedigend und enttäuschend. Die »Fröste der Freiheit«[30] lernt auch Susi Urban kennen, als der schöne und elegante Jura-Student Egon Lambert ihre ›erste große Liebe‹ wegen einer anderen, für ihn gesellschaftlich ›adäquateren‹ Frau mit den Worten beendet: »›Schließlich, wir zwei haben ja nie von ewiger Treue und solchen Dummheiten gesprochen, nicht wahr ...?‹« (S. 141)

Gegen Ende des Romans nimmt Lili Grün das traditionelle Ideal der Frau als Hausfrau, Ehefrau und Mutter, das sie zeitweise als Gegenentwurf zum progressiven Bild der emanzipierten ›Neuen Frau‹ formuliert, wieder zurück. Möglicherweise in Hinblick auf die zur Zeit der Entstehung des Romans europaweit zu beobachtenden reaktionären gesellschaftlichen Entwicklungen der 1930er-Jahre und der zu erwartenden Auswirkungen u. a. auf das weibliche Geschlechterrollen-Verständnis, macht sie deutlich, dass die Zeit der »Aufbruchsphantasien« zwar vorbei, am bereits Erreichten aber unbedingt festzuhalten ist: Dass Frauen überhaupt die Möglichkeit haben, ihr Leben selbstbestimmt zu gestalten und zwischen unterschiedlichen Lebensentwürfen zu wählen. »›Du glaubst, auf eigene Fasson unglücklich zu werden, statt nach der von anderen Leuten. Du glaubst, das ist gar nix. Das ist vielleicht schon alles, was man haben kann ...‹«, fasst Mitzi Holub als typische Vertreterin der ›Neuen Frau‹ in einer Art Plädoyer das eigentlich Fortschrittliche der gesellschaftlich gewandelten Frauenrolle zusammen (S. 187).

Im Gegensatz zu ihrem Exposé, in dem die arbeitslose Protagonistin nach einer unglücklichen Liebe schließlich einen Philologie-Studenten kennenlernt und mit ihm gemeinsam nach Paris zieht,[31] schließt Grüns Roman, als sich Susi Urban nach beendeter Beziehung und längerer Arbeitslosigkeit für eine ›Kompromiss-Lösung‹ – für eine Stellung als »›Gesellschafterin‹« (S. 189) im Haushalt einer Wiener Geschäftsfamilie und für »das Leben einer alleinstehenden, arbeitenden Frau« (S. 191) – entscheidet. Dass sie ihren Angestellten-Roman, der laut »Wiener Tag« »unmittelbar nach seiner Vollendung« zum Abdruck kam, vorzeitig enden ließ, könnte Lili Grüns notorischer Geldknappheit zuzuschreiben sein. So hatte sich der Zsolnay Verlag nach Spendenaufrufen im Frühjahr 1935 ein Jahr später ein weiteres Mal bei Institutionen wie dem

»Schutzverband deutscher Schriftsteller in Österreich« oder dem »Österreichischen P.E.N.-Club« intensiv um finanzielle Hilfsleistungen für seine chronisch Not leidende Autorin bemüht.[32] Die Hoffnung des »Wiener Tag«, dass der Erfolg von Lili Grüns ersten beiden Romanen von ihrem dritten Werk *Junge Bürokraft übernimmt auch andere Arbeit ...* sogar »noch übertroffen« werde, erfüllte sich jedoch nicht. Vom Paul Zsolnay Verlag bzw. der Bibliothek zeitgenössischer Werke erhielt Grün Ende 1935 zwar offenbar noch einen Vorschuss auf ihr eingereichtes Exposé,[33] doch erwarb der Verlag den Roman nach seiner Fertigstellung nicht für sein Programm. Wie der Verlagskorrespondenz zwischen Zsolnay und Lili Grün weiter zu entnehmen ist – dabei handelt es sich um ein schmales Konvolut der Geschäftsbriefe aus den 1930er-Jahren im Österreichischen Literaturarchiv in Wien –, war der Kontakt zwischen Lili Grün und dem Zsolnay Verlag ab 1936 nur noch sporadisch und brach Mitte 1937 völlig ab. Da von Lili Grün nur wenige biographische Dokumente und – meiner Kenntnis nach – kein Nachlass überliefert sind, lässt sich über die Gründe des Verlags für seine Entscheidung nur spekulieren. Wahrscheinlich war es vor allem der schwierigen ökonomischen Situation Zsolnays geschuldet, dass Lili Grüns Roman *Junge Bürokraft übernimmt auch andere Arbeit ...* nicht in Verlag genommen wurde. Zsolnay mit seiner Ausrichtung auf den absatzstarken deutschen Buchmarkt meinte, da die Nationalsozialisten im Deutschen Reich regierten, seine jüdischen AutorInnen und deren Werke in seinem Wiener Haupthaus nicht weiter vertreiben zu können. Schon Grüns Roman *Loni in der Kleinstadt* war deshalb im Gegensatz zu seinem Vorgänger nicht mehr im Stamm-Verlag erschienen, sondern in Zsolnays Züricher Ableger: der Bibliothek zeitgenössischer Werke. Doch auch die Bibliothek zeitgenössischer Werke existierte 1936/1937 »praktisch nur mehr auf dem Papier«.[34]

Mit der nationalsozialistischen Okkupation Österreichs im März 1938 hatte Lili Grün als jüdische Schriftstellerin nahezu schlagartig keine Möglichkeit mehr zu publizieren. Völlig verarmt und zudem chronisch lungenkrank, war sie nicht in der Lage, sich rechtzeitig ins Ausland zu retten. Nach mehreren ›Delogierungen‹ war sie zuletzt in einem ›Massenquartier‹ für Juden und Jüdinnen in der Neutorgasse 9 im 1. Wiener Bezirk untergebracht. Am 27. Mai 1942 wurde Lili Grün aus Wien deportiert und noch am Tag ihrer Ankunft im weißrussischen Maly Trostinec am 1. Juni 1942 ermordet.[35] Nur ein einziger Mensch in dem 981 österreichische Juden und Jüdinnen umfassenden Transport Nr. 23, in dem sich auch die bekannte österreichische Erzählerin und Lyrikerin Alma Johanna Koenig befand, überlebte.[36]

Anmerkungen

[1] Lili Grüns Roman *Junge Bürokraft übernimmt auch andere Arbeit ....* erschien ab 6. Dezember 1936 in 38 Folgen im »Wiener Tag«. – Die Hervorhebungen in der Einführung zur Autorin folgen der Zeitungsvorlage.
[2] Emanuel Häußler: »Boheme von heute. Weltstadtjugend gründet ein Kabarett.« In: Neues Wiener Tagblatt, 26.4.1933.
[3] Siehe dazu Wienbibliothek/Druckschriftensammlung: Volkstheater-Besetzungszettel, Bände 1920–1924/25 (Signatur: C 71229).
[4] Historische Wiener Meldebestände im Wiener Stadt- und Landesarchiv (Magistrat der Stadt Wien, Magistratsabteilung 8).
[5] Emanuel Häußler: »Boheme von heute. Weltstadtjugend gründet ein Kabarett.« In: Neues Wiener Tagblatt, 26.4.1933.
[6] Emanuel Häußler: »Boheme von heute. Weltstadtjugend gründet ein Kabarett.« In: Neues Wiener Tagblatt, 26.4.1933.
[7] Unter den in Wien lebenden BühnenkünstlerInnen waren im Jahr 1931 etwa 1500 erwerbslose SchauspielerInnen verzeichnet. Vgl. dazu Regina Thumser 2003: »Netzwerke und Strukturen des Wiener Kabaretts im Exil.« In: Jeanne Benay u. a. (Hg.): *Österreichische Satire (1933–2000). Exil – Remigration – Assimilation.* Bern, S. 39-57, hier: S. 42. (Convergences; 29).
[8] Erich Kästner: »Abitur auf der Bühne.« In: Neue Leipziger Zeitung, 28.4.1929.
[9] »Unhaltbare Zustände. Die erwerbslosen Schauspieler klagen an.« In: Tempo (Berlin), 22.5.1931.
[10] Lili Grün: *Mädchenhimmel! Gedichte und Geschichten.* Gesammelt, herausgegeben, kommentiert und mit einem Nachwort von Anke Heimberg. Berlin: AvivA Verlag, 2014.
[11] Lili Grün: »Engagementlos.« In: Simplicissimus (München), Nr. 50, 1932, S. 596. Wieder abgedruckt in Lili Grün: *Mädchenhimmel! Gedichte und Geschichten.* Gesammelt, herausgegeben, kommentiert und mit einem Nachwort von Anke Heimberg. Berlin: AvivA Verlag, 2014, S. 78-80, hier: S. 78 f. – Fragmente dieser Geschichte verwendete Lili Grün abgewandelt in ihrem 1933 erschienenen Roman *Herz über Bord* (Neuauflage 2009 beim Berliner AvivA Verlag unter dem Titel *Alles ist Jazz*, herausgegeben und mit einem Nachwort von Anke Heimberg), S. 17 ff.
[12] Siehe dazu Emanuel Häußler: »Boheme von heute. Weltstadtjugend gründet ein Kabarett.« In: Neues Wiener Tagblatt, 26.4.1933. Den Namen des Kabaretts, das die KünstlerInnen schließlich gründeten, erwähnte Häußler in seinem Beitrag allerdings nicht.

[13] Zu den Mitgliedern des Berliner Kabaretts »Die Brücke« und seinem Programm siehe ausführlich mein »Nachwort« in *Alles ist Jazz*, Neuausgabe des Romans *Herz über Bord* von Lili Grün, herausgegeben von Anke Heimberg, Berlin: AvivA Verlag, S. 183-214, hier: S. 201 ff.
[14] Auch Alan Hartland Lareau benennt in seiner 1990 erschienenen Monographie Erwin Straus als musikalischen Leiter der »Brücke«. Siehe dazu Alan Hartland Lareau 1990: *An unhappy love. The struggle for a literary cabaret in Berlin, 1919–1935*. University of Wisconsin, Dissertation. Madison, hier: S. 488 f.
[15] Tas.: »Die ›Brücke‹ in der Katakombe.« In: Das 12-Uhr-Blatt: Neue Berliner Zeitung, 5.5.1931.
[16] Siehe dazu Emanuel Häußler: »Boheme von heute. Weltstadtjugend gründet ein Kabarett.« In: Neues Wiener Tagblatt, 26.4.1933.
[17] Siehe dazu Telegramm von Felix Costa/Paul Zsolnay Verlag an Robert Neumann vom 16. Januar 1933. Österreichisches Literaturarchiv (ÖLA) der Österreichischen Nationalbibliothek (ÖNB), Wien: Teilarchiv Paul Zsolnay Verlag: Konvolut Lilly Grün [sic!] (Signatur: ÖLA 286/05).
[18] Empfehlungsschreiben von Felix Costa/Paul Zsolnay Verlag an Prof. Dr. Emil Reich/Kuratorium Julius-Reich-Dichter-Preis vom 23. September 1933. Österreichisches Literaturarchiv (ÖLA) der Österreichischen Nationalbibliothek (ÖNB), Wien: Teilarchiv Paul Zsolnay Verlag: Konvolut Lilly Grün [sic!] (Signatur: ÖLA 286/05). – Zum Julius-Reich-Dichter-Preis siehe ausführlich Waltraud Strickhausen 1996: *Die Erzählerin Hilde Spiel oder »Der weite Wurf in die Finsternis«*. New York u. a., S. 73 f. (Exil-Studien/ Exile Studies. Eine interdisziplinäre Buchreihe/An Interdisciplinary Series; 3).
[19] Lili Grün: *Alles ist Jazz. Roman*. Herausgegeben und mit einem Nachwort von Anke Heimberg. Berlin: AvivA Verlag, 2009.
[20] Siehe dazu Lili Grün: *Mädchenhimmel! Gedichte und Geschichten*. Gesammelt, herausgegeben, kommentiert und mit einem Nachwort von Anke Heimberg. Berlin: AvivA Verlag, 2014.
[21] Vorankündigung zu *Loni in der Kleinstadt*, abgedruckt in: Der Wiener Tag, 2.8.1935.
[22] Lili Grün: *Zum Theater! Roman*. Herausgegeben und mit einem Nachwort von Anke Heimberg. Berlin: AvivA Verlag, 2011.
[23] *Adolph Lehmann's allgemeiner Wohnungs-Anzeiger: nebst Handels- und Gewerbe-Adressbuch für die k. k. Reichshaupt- und Residenzstadt Wien und Umgebung*. Wien, 46. Jg., 1904, Bd. 2, S. 378.
[24] Totenbeschauprotokoll von Regina Grün. Wiener Stadt- und Landesarchiv, Totenbeschreibamt, Bd. 967, 1915, G.

[25] Siehe dazu Totenbeschau-Befund von Ármin Grün. Wiener Stadt- und Landesarchiv, Totenbeschreibamt, A 1: J. A. 1465/1922.
[26] Vgl. dazu bis einschließlich 64. Jg., 1923, *Adolph Lehmann's allgemeiner Wohnungs-Anzeiger: nebst Handels- und Gewerbe-Adressbuch für die k. k. Reichshaupt- und Residenzstadt Wien und Umgebung*. Wien.
[27] Historische Wiener Meldebestände im Wiener Stadt- und Landesarchiv (Magistrat der Stadt Wien, Magistratsabteilung 8).
[28] Siehe dazu zum Beispiel Ute Frevert 1988: »Kunstseidener Glanz. Weibliche Angestellte.« In: Kristine von Soden/Maruta Schmidt (Hg.): *Neue Frauen. Die zwanziger Jahre.* Berlin, S. 25-30. (EP; 262: BilderLeseBuch).
[29] Siegfried Kracauer: »Die kleinen Ladenmädchen gehen ins Kino«, Artikelreihe in der »Frankfurter Zeitung« im März 1927, wieder abgedruckt in Siegfried Kracauer 1977: *Das Ornament der Masse. Essays.* Mit einem Nachwort von Karsten Witte. Frankfurt/Main, S. 279-294.
[30] Gisela von Wysocki 1980: *Die Fröste der Freiheit. Aufbruchsphantasien.* Frankfurt/M.
[31] Lili Grün: Exposé (ohne Titel, ohne Datum). Österreichisches Literaturarchiv (ÖLA) der Österreichischen Nationalbibliothek (ÖNB), Wien: Teilarchiv Paul Zsolnay Verlag: Konvolut Lilly Grün [sic!] (Signatur: ÖLA 286/05).
[32] Siehe Brief des Paul Zsolnay Verlags an Lili Grün vom 26.2.1936. Österreichisches Literaturarchiv (ÖLA) der Österreichischen Nationalbibliothek (ÖNB), Wien: Teilarchiv Paul Zsolnay Verlag: Konvolut Lilly Grün [sic!] (Signatur: ÖLA 286/05).
[33] Brief des Paul Zsolnay Verlags an Lili Grün vom 30.11.1935. Österreichisches Literaturarchiv (ÖLA) der Österreichischen Nationalbibliothek (ÖNB), Wien: Teilarchiv Paul Zsolnay Verlag: Konvolut Lilly Grün [sic!] (Signatur: ÖLA 286/05).
[34] Siehe dazu Murray G. Hall 1994: *Der Paul Zsolnay Verlag. Von der Gründung bis zur Rückkehr aus dem Exil.* Tübingen, S. 231. (Studien und Texte zur Sozialgeschichte der deutschen Literatur; 45).
[35] Recherche in der Datenbank zu den österreichischen Shoah-Opfern des Dokumentationsarchivs des österreichischen Widerstands (Wien), abrufbar unter: (<http://www.doew.at>).
[36] Waltraud Barton (Hg.) 2015: *Maly Trostinec – Das Totenbuch. Den Toten ihre Namen geben.* 2. Auflage. Wien, Ohlsdorf, S. 97 ff.

Die Herausgeberin

Anke Heimberg, 1967 in Pforzheim geboren, Studium der Germanistik, Soziologie und Medienwissenschaften in Marburg und Wien; lebt und arbeitet als freie Literaturwissenschaftlerin und Publizistin in Berlin. Im AvivA Verlag hat sie bisher neben den Werken von Lili Grün auch die Romane *Das weiße Abendkleid* und *Die Welt ist blau* von Victoria Wolff herausgegeben. Derzeit arbeitet sie an einer Biographie zu Lili Grün.

Bildnachweis

Vorsatz/Nachsatz: Wien 1923, © www.pharus-plan.de
S. 2: © Österreichische NationalbibliothekWien, Bildarchiv
S. 192, S. 197: © Privatarchiv Anke Heimberg
S. 219: © Privat

Editorischer Hinweis

Der Roman *Junge Bürokraft übernimmt auch andere Arbeit ...* erschien 1936/37 als Vorabdruck in Fortsetzungen im »Wiener Tag«.
Für die Neuausgabe wurden Orthographie und Interpunktion beibehalten. Offensichtliche Fehler in Rechtschreibung, Zeichensetzung, Druck oder Satz der Zeitungsvorlage wurden stillschweigend korrigiert.

Weitere Autorinnen im AvivA Verlag

Christa Winsloe:
Auto-Biographie und andere Feuilletons
Hg. u. m. Nachwort v. Doris Hermanns
272 S., geb., m. Abb.
ISBN 978-3-932338-83-0

»Ob nun im Umgang mit Menschen, Tieren oder Transportmitteln erweist sich Winsloe immer wieder als überaus smarte und vor allem unkonventionelle Persönlichkeit.«

(Nadin Wildt, kweens)

Maria Leitner:
Mädchen mit drei Namen.
Reportagen aus Deutschland
und ein Berliner Roman 1928-1933
Hg. u. m. Nachwort v. Helga und Wilfried Schwarz
224 S., br.
ISBN 978-3-932338-60-1

»Maria Leitners Reportagen beschreiben genau, ungeschönt und sachlich-beobachtend die Gesellschaft der Weimarer Zeit.«

(Jana Mikota, Virginia)

Vicki Baum :
Pariser Platz 13.
Hg. u. m. Nachwort v. Julia Bertschik
224 S., br.
ISBN 978-3-932338-50-2

»Alles ... hält eine wunderbare Schwebe aus sarkastisch-ironischer Selbstdemontage, beißendem Witz und lebensweisen Kommentaren.«

(Pieke Biermann, WDR 5)

Weitere Informationen über unser Programm
finden Sie unter www.aviva-verlag.de.

Wir schicken Ihnen gerne unser Verlagsprogramm zu.

Umschlaggestaltung: Britta Jürgs
Foto: Sekretärin, 1925; © ullstein bild –
Süddeutsche Zeitung Photo / Scherl
Druck: Beltz Bad Langensalza GmbH

Erste Auflage 2016

AvivA Britta Jürgs GmbH
Emdener Str. 33, 10551 Berlin

info@aviva-verlag.de
www.aviva-verlag.de

ISBN: 978-3-932338-86-1

Ottakringerstr.
Schmelz-
Exerzierplatz
XV
Fünfhaus
XIV
Rudolfsheim
Hütteldorferstr.
Mariahilferstr.
Linzer
Felber
Schönbrunner
Vorpark
Schönbrunnerstr.
Stadtbahn
Margarethen
Gürtel
Neubau-Gürtel
Lerchenfelder
Tivoli
Hohenberg
XII
Meidling
Meidlinger Haupt
Matzleinsdorf
Kohlenrutschen
Winckelmann
Wickhoff
Maresch Pl.
Gumpendorfer
Linien
Mollard
Westbahn
West Bhf.
Apollo
Hernalser
Jörger
Theresien Bad
Zeno
Beckmann
Palais Stiha